내 마음의
고요함
감정노동의
지혜

| 내 삶을 위한 감정노동 해소 방안을 제시한 지침서 |

윤서영 지음

내 마음의
고요함
감정노동의
지혜

커리어북스
Career Books

나의 직업은
감정노동직인가?

나른한 금요일 오후 5시 30분, 고객 불만 부서에서 근무하는 윤 대리는 고객과 통화 중이다. 직업이 교수라고 소개한 이 고객은 벌써 1시간이 넘도록 회사의 요금제에 대한 불만을 연설하고 있다. 윤 대리는 울컥하는 마음을 참아가며, 마지막 남은 인내심까지 짜내고 있다. 가까스로 고객이 전화를 끊었을 즈음 사무실에 갑작스레 등장한 정 팀장님!

"오늘 저녁 약속 있는 사람 있나?"

윤 대리와 눈이 마주친 남 팀장! 난감한 표정이 역력하다. 남자친구와 약속이 있는 윤 대리도 퇴근만 기다리는 중이었다. 분위기를 파악한 정 팀장은 모두 모이라는 손짓을 한다.

"학교 다닐 때 선생님 눈치 봤어, 안 봤어? 우리 다들 선생님 눈치 보면서 선생님 말씀 잘 들어야지 하면서 학교 다녔잖아. 그렇지?"

회식 얘기 끝에 나온 학교 얘기에 서로 어리둥절한 표정으로 아무 말이 없다.

"학교는 돈 내고 다녀, 돈 받고 다녀? 돈 내고 다니는데도 선생님 말씀은 칼같이 들었잖아. 하물며 회사는 돈을 받고 다니잖아."

　이제야 이해한 팀원들의 눈동자는 모두 정 팀장님의 시선을 피한다.

　"센터장님께서 술 한잔 하자고 하시는데⋯. 이럴 때는 약속이 있어도 원래 없는 거잖아! 그렇지? 다 같이 끝나고 한잔 하는 거다."

　말이 끝나기 무섭게 사무실에서 퇴장한 정 팀장님, 그리고 남은 사람들은 서로의 얼굴만 쳐다보고 있다.

　'감정노동'이라는 단어가 최근 미디어를 통해 이슈가 되고 있다. 위의 사례에서 윤 대리는 두 가지의 감정노동을 느끼고 있다.

　첫째, 고객에 의한 감정노동이다. 윤 대리는 고객의 말을 끊고 싶은 욕구를 참아가며 친절한 표현을 사용하기 위해 자신의 감정을 억제하고 듣기 싫은 마음을 참아가며 고객의 이야기를 장장 1시간이나 들어야 했다. 그러므로, 고객에 의해서 감정노동을 느꼈다고 볼 수 있다.

　둘째, 직장상사에 의한 감정노동이다. 유교의 사상이 사회 인식에 깊이 자리 잡고 있는 한국 사회에서는 삼강오륜의 잘못된 해석으로 직장에서의 상하관계에 대해 심한 경우 주종의 의미로 받아들인다. 대한항공의 '땅콩 회항 사건'은 우리에게 큰 메시지를 주었다.

우리는 일상생활의 다양한 측면에서 감정노동을 느끼면서 살아가고 있다. '나도 감정노동을 느끼고 있는가?'에 대한 답을 이 책을 통해 찾았으면 하는 바람이다.

감정노동의 국내사례와 해소방안에 대한 최초의 책

감정노동에 관한 연구가 아직은 부족한 상태로 기존에 출판된 대부분의 책은 외국의 도서를 번역했거나 혹은 외국의 사례를 들고 있어 공감하기가 어려운 면이 많았다. 또한 사례 위주로 나열된 책이 대부분이었고 해결방안에 대한 언급은 거의 없었다.

이 책은 감정노동해결연구소에서 '감정노동심리해결사' 자격증(한국직업능력개발원 제 2014-2674호)을 운영하며 수집한 다양한 사례와 감정노동 해소방안을 이론이 아닌 실습 위주로 제시하는 최초의 책이다.

또한 감정노동은 비정규직, 고객에 대한 서비스를 진행하는 직업에만 발생할 수 있는 것이라는 선입견에 대해 비판하고자 한다. 누구나 자신의 감정을 숨기고 행동을 해야 하는 상황이 발생한다면 감정노동의 상황에 부닥쳤다고 봐야 한다.

올해 초, 동네에서 작은 접촉사고를 경험했다. 골목을 천천히 운전해 들어가던 중, 5살 꼬마가 건물에서 뛰어나와 내 차의 백미러에 부딪친 것이다. 놀란 아이 엄마와 나는 종합병원에서 엑스레이를 찍고, 신경외과적으로 문제가 없는지 의사의 소견을 받았다. 다행히 백미러에 부딪쳐 코피가 났을 뿐, 심각하게 다친 곳은 없는 것으로 확인되었다.

사고 후 2주가 지난 어느 날, 아이 엄마에게서 전화가 왔다. '트라우마'가 생겼을지 걱정되어 정신과 진료를 받겠다는 것이었다. 워낙 예민한 성격이라 기존에도 스트레스에 대한 진단을 종종 받고 있었다고 했다. 아이 엄마의 이야기를 들은 주변 사람 대부분은 아이 엄마가 예민하다거나, 너무하는 처사라고 말했다.

현대인의 신체건강에 관한 관심이 높아지고 있다. 과거에는 건강의 개념이 병을 치료하는 것에 있었다면, 현재는 건강의 안녕 상태를 유지하기 위해 병이 들기 전 관리하는 차원으로 발전되었다. 정신건강도 마찬가지다. 정신병리적 증상이 나타나기 전에 소중하게 다루어줘야 한다. 하지만 위의 아이 엄마의 행동이 낯설게 느껴질 수 있는 것처럼 아직 심리적인 안녕에 대한 사회인식은 높지 않다.

이 책을 읽는 동안 감정노동은 우리 곁에서 쉽게 일어날 수 있는 상황이며, 발생하는 분노나 슬픔에 대한 나의 감정은 신체건강만큼 중요한 정신건상에 영향을 미친다는 것을 인지했으면 한다. 또한, 감정노동을 어떻게 인지하고 해소할 것인가에 대해 고민하는 것이 자연스럽게 조직문화에 인식될 수 있게 되길 희망한다.

마지막으로 책의 후반부에 이렇게 하면 감정노동이 완전히 해소된다는 정답은 되도록 적지 않으려고 했다. 그것은 이 책을 읽는 독자의 몫으로 남겨두려고 한다. 나와 상대방의 밑마음을 알아차리는 과정과 물음을 통해 내가 진정으로 원하는 것이 무엇인지를 찾는다면 답은 어렵지 않게 얻을 수 있을 것이라 기대된다.

책의 구성

감정노동에 대해 폭넓은 이해를 위해 대화체로 구성되었다. 감정노동의 대표직이라고 할 수 있는 고객센터 불만 고객 처리부서에서 근무하는 윤 대리와 감정노동 해소를 연구하는 감정연구소 소장의 감정노동에 관한 대화가 주를 이룬다.

이론은 최소화하고, 이론에 대한 부분을 대화로 설명함으로써 이해를 높이고자 했다.

이 책의 구성은 6개의 파트로 나뉘어 있다.

Part 1은 감정노동에 관한 내용이다. 특히, 미디어에 노출된 '긍정적 감정노동', 웃으면서 고객에게 서비스를 제공해야 하는 감정노동 외에도 부정적 감정노동, 중립적 감정노동이 있다는 것을 강조하고 있다. 직업적으로 혹은 사회적 위치나 기대로 인해 현재 내 마음과 다르게 행동해야 하는 모든 상황을 감정노동으로 보고 있다. 이에 따른 감정노동의 직업과 법률에 대해서 다루었다.

Part 2는 감정노동에서 중요한 감정의 문제를 다루고 있다. 감정노동은 감정에 관한 이야기인데, 우리는 감정을 제하고 감정노동을 말할 수 없다. 감정은 어떻게 우리에게 인식되고, 우리는 어떻게 감정을 다루어야 하는가에 관해 이야기한다.

Part 3은 Part 1에서 다루었던 다양한 감정노동의 상황에 대해 구체화한 사례로 이해를 높이고자 했다. 우리는 실제로 일상생활에서 수많은 감정노동을 느끼며 살고 있음을 인지해야 한다.

Part 4는 에니어그램을 통해 나의 기본 감정을 알아차리는 내용이다. 감정이라는 것이 무엇인지 알았지만, 나의 기본 감정은 어떤 감정에 더 가까이 있는가에 대한 성격진단이다.

Part 5는 감정노동 해소방안에 관해 에니어그램의 성격 유형별로 소개하고 있다. 실제로는 모든 이에게 적용할 수 있는 해소법이다. 하지만, 감성노동해결연구소를 운영하며 실제로 강의에서 실행했을 때의 강의 만족도 분석결과를 적용했다. 유형별 선호도가 높았던 실습 위주로 기재했다.

마지막으로 Part 6은 감정노동을 해소하고 무엇을 위해서 살아야 하는가에 대한 삶의 본질에 관한 이야기다. 감정노동을 일으키는 밑마음에 대해 알아보고, 삶의 본질을 위해 나의 삶에 어떤 '물음'을 던지며 살 것인가에 관해 묻는다.

'나는 누구인가?', '어떻게 살 것인가?'에 대한 물음에 확고한 답이 있다면 감정노동으로부터 지킬 수 있는 나의 마음 근육이 더 단단해질 수 있을 것이다. 아무쪼록 이 책이 독자에게 도움이 되었으면 하는 바람이다.

목차

Part 2 감정은 생존을 위해 필요하다

Part 3 고객, 직장상사보다 더한 것이 처가와 시댁이다

Part 4 나를 찾아 떠나는 여행

Part 5 감정노동을 버릴 용기

Part 6 감정노동을 떠나보낸 나의 '지금, 여기!'

Part 1

웃어야 하는
상황만
감정노동이
아니다

Case 1

감정노동이란
무엇일까?

01
내가 하는 모든 질문에
법 조항에 근거해서 대답해줘요!

　고객 불만 부서에 근무하는 윤 대리는 요즘 매일 2~3시간씩 통화하는 고객이 있다. 이 고객은 본인이 하는 모든 질문에 관해 법 조항에 근거해서 대답해달라는 것이 불만 내용이었다. 답변이 막히면 본사의 법무팀에 문의하고 다시 답변하기를 벌써 5일째 하고 있다. 한국 최고의 대학에 다닌다고 자신을 소개한 이 고객은 회사의 모든 서비스에 문제가 있다고 했다.

　윤 대리는 짜증 나는 감정을 참아내야 했다. 보통 불만사항을 이야기하면 고객은 원하는 것을 드러낸다. 직접 표현하거나, 돌려서 말하거나 방법은 다양하지만, 자신이 원하는 것을 말하기 마련이다. 예를 들면, 불편사항에 대한 보상을 요구하거나, 혹은 원하는 서비스를 요청하는 등 요구사항이 있다.

　하지만 이 고객은 벌써 5일째 요구사항 없이 계속 통화만 원했다. 윤 대리는 슬슬 욱하는 감정이 올라오는 것을 느낀다. 윤 대리는 감정연구소 소장에게 이 불만 고객에 대해 하소연해야겠다고 생각한다.

감정노동 상황예시 (불만 고객)

윤 대 리   소장님! 안녕하세요~

아! 정말 미치겠네요. 벌써 5일째입니다. 이런 진상 고객을 대하는 직업을 가진 저야말로 감정노동자가 맞죠?

감정연구소   윤 대리님 화가 많이 나셨나 봐요. '감정노동'을 설명하자면, 미국의 사회학자 앨리 러셀 혹실드(Arlie Russell Hochshild)[1]는 다른 사람들이 눈에 보이는 얼굴 표정이나 몸짓을 만들어내기 위하여 자신의 감정을 관리하는 것을 감정노동이라고 정의했습니다. 상대를 위해 자신의 감정을 숨기는 것이 업무의 40% 이상이 되는 사람을 감정노동자라고 했죠. 지금 미칠 것 같다고 하셨는데, 윤 대리님의 미칠 것 같은 마음이 감정노동을 느끼고 있다는 걸 말해주고 있네요.

윤 대 리   정말 이쯤 되면 변태 아닌가요? 왜 저러는 걸까요?

---

1) 앨리 러셀 혹실드(Arlie Russell Hochshild) : 미국의 여성 사회학자로 버클리 대학교 사회학과 교수로 재직 중이다. 그의 저서인 《통제된 마음(The Managed Heart)》(1983)에서 '감정노동'이라는 용어를 최초로 언급했다. 대표적인 저서로는 《감정노동》(2009, 이매진), 《나를 빌려 드립니다》(2013, 이매진) 등이 있다.

아무리 생각해도 이해할 수 없어요.

감정연구소 　네, 많이 힘드시겠어요. 이해할 수 없다는 말에 공감합니다. 세상엔 정말 많은 부류의 사람들이 있죠.

윤 대 리 　정말 다양한 사람이 있죠. 수많은 사람과 통화한 제가 왜 모르겠어요. 하지만, 적어도 사람이 사람한테 이유 없이 저러면 안 되지 않나요?

감정연구소 　일단 많이 흥분하신 상태이신 것 같으니, 심호흡을 한번 하고 이야기 나누시죠. 크게 숨을 들이쉬었다가 내쉬어보세요.

윤 대 리 　휴~

감정연구소 　그래요. 한숨 쉬듯이 숨을 한번 크게 쉬어보세요. 우리가 답답할 때면 저절로 한숨이 나오잖아요. 그게 바로 우리 몸이 자기적으로 스트레스를 중화시키려고 하는 겁니다. 숨을 크게 쉬는 것만으로도 스트레스 호르몬인 코르티솔[2] 분비를 줄일 수 있거든요. 자! 한숨을 더 크게 쉬어보세요~

---

2) 코르티솔(cortisol) : 급성 스트레스에 반응해 분비되는 물질로, 스트레스에 대항하는 신체에 필요한 에너지를 공급해주는 역할을 한다.

감정노동이란?

감정노동(emotional labor)이란 용어는 미국의 사회학자 앨리 러셀 혹실드(Arlie Russell Hochshild)가 처음으로 사용하였으며, '많은 사람들의 눈에 보이는 얼굴 표정이나 몸짓을 만들어내기 위하여 감정을 관리하는 일'이라고 정의했다. 상대를 위해 자신의 감정을 숨기는 것이 업무의 40% 이상이 되는 사람을 감정노동자라고 정의하고 있다.

출처 : 감정노동, 앨리 러셀 혹실드, 이매진, 2009

감정노동 연구의 역사

▶ **1983년** 감정노동이라는 용어가 미국 버클리 대학교 사회학 교수인 앨리 러셀 혹실드에 의해 처음으로 사용.

항공사 종업원들을 대상으로 한 경험연구를 통해 감정, 표현의 규칙이 존재함을 발견.

▶ **1993년** Ashforth & Humphrey는 감정노동을 특정의 상황에 적절한 감정을 표현하는 행위로 정의.

▶ **1996년** Morris & Feldman은 감정노동을 '종업원과 고객 간 상호 교환과정에서 조직으로부터 요구되는 감정의 표현을 위한 종업원의 노력, 계획 그리고 통제'로 정의. 감정표현에서의 개인특성 및 작업 관련 환경요인의 중요성을 강조.

▶ **2000년** Grandey는 감정노동이란 조직목표들을 달성하기 위하여 느낌 및 감정표현을 규제하는 과정이라고 봄.

근로자들에게 어느 정도나 이런 생각을 하고 있는지를 표시하도록 하여서 감정노동의 정도를 측정함.

02
한숨이
스트레스를 중화시킨다고?

이 책에서는 감정노동에 관해 윤 대리와 감정연구소 소장의 대화를 진행하며 감정노동을 해소할 수 있는 실습 방안을 하나씩 소개할 것이다. 그중 첫 번째로 소개하고자 하는 것이 크게 숨을 쉬는 것이다.

한숨 쉬듯이 크게 숨을 내쉬는 것이 무슨 큰 비결이라고 소개하는 것이냐 하는 분도 있을 것으로 생각한다. 하지만 누구나 무의식적으로 한숨이 나오는 경우를 경험해본 적이 있을 것이다. 인간이 무의식적으로 하는 반응이나 행동은 진화하면서 대부분 생존에 필요한 것으로 인식되었다고 볼 수 있다. 즉, 나에게 필요한 상황이기 때문에 그 반응을 일으키는 것이다.

미국 하트매스 연구소(Institute of HeartMath)에서 20년간 연구한 결과, 크게 숨을 쉬는 심장 호흡은 스트레스 해소에 큰 효과를 주는 것으로 밝혀졌다. 스트레스 호르몬인 코르티솔은 생각보다 길고 오랫동안 우리의 몸에 영향을 준다. 예를 들어, 스트레스 상황이 지금 일어났다고 가정하자. 현재 코르티솔이 분비되고 끝나는 것이 아니라, 자고 일어나 다음 날 아침의 혈액에서도 코르티솔이 분비된 것을 확인할 수 있었다. 신체건강을 위해서라도 이렇게 오래도록 우리 몸에 악영향을 미치는 스트레스를 조절할 방법에 관심을 기울여야 하지 않겠는가?

감정노동으로 인한 후유증

감정노동을 장기적으로 수행한 근로자들 가운데 상당수가 정신적 스트레스가 누적되어 스마일 마스크 증후군(smile mask syndrome)을 비롯해 정신적, 육체적으로 심각한 질병에 노출될 수 있다.

감정노동 상황에 노출되면 스트레스 호르몬이 분출되는데, 스트레스 상황이 지나고 나서도 우리 몸에서는 스트레스 호르몬이 일정 시간 동안 분비된다. 이 때문에 많은 에너지가 고갈된다. 코르티솔의 양은 6~23mcg/dl 정도가 정상이지만 질병이나 식생활 습관에 따라 수치는 매우 다양하게 변화된다. 또한, 비만, 운동, 환경적인 요인, 감염증, 외상, 각종 질환, 약물 복용 등의 여부에 따라 증가할 가능성도 있다. 식욕, 성욕 등이 떨어지고 심하면 자살에 이르기도 한다.

스마일 마스크 증후군 (smile mask syndrome)

스마일 마스크 증후군이란, 밝은 모습을 보여야 한다는 생각에 사로잡혀 얼굴은 웃고 있지만 마음은 우울한 상태로 식욕, 성욕 등이 떨어지고 심하면 자살에 이르는 증세를 말한다. 주로 업무나 가족으로부터 받는 스트레스와 억압으로 인해 나타나며, 일종의 우울증에 속한다.

심장 호흡을 하라

감정연구소   숨을 크게 쉬어보니 어떠세요?

윤 대 리   흥분은 좀 가라앉은 것 같긴 해요. 하지만 화가 나는 것은 어쩔 수 없네요. 도대체 저 고객은 왜 그러는 걸까요?

감정연구소   흥분이 조금이라도 가라앉았다니 다행입니다. 그렇지만, 화가 계속해서 난다는 말에도 공감이 돼요. 하루이틀도 아니고, 얼마나 화가 나겠어요.

윤 대 리   이렇게 화가 나는 제가 이상한 게 아니죠?

감정연구소   이상하다니요. 윤 대리님이 화를 내는 건 지극히 당연한 일입니다.

윤 대 리   조금 전 코르티솔 호르몬 분비에 대해서 말씀해주셨는데요. 스트레스를 받으면 신체적으로 나타나는 다른 증상들도 있나요?

감정연구소   스트레스나 감정노동, 스마일 마스크 증후군으로 인한 다양한 증상에 관한 사례는 많습니다. 우울증, 식욕과 성욕의 저하, 심하면 자살에 이르기도 합니다. 정신건강도 신체건강과 같이 나타날 수 있는 증상에 관한 모든 사례를 설명하자면 상당히 극단적인 사례를 포함할 수 있답니다.

하지만 모두 다 상황이나 기간에 따라 달라질 수 있으니까요. 저의 경우에는, 10년 넘게 근무한 고객센터의 식사시간이 불규칙하고 스트레스가 높아 위염약을 달고 살았죠. 불만 고객 때문에 짜증 난다는 생각이 들면 속이 쓰라리기 시작했던 기억이 있습니다. 신체적인 증상에 대한 사례도 중요하지만, 내가 현재 느끼고 있는 것이 더 중요하겠죠.

윤 대 리   우울증에 자살이라니 상당히 극단적이긴 하네요. 오히려 소장님의 위염 이야기가 저에게는 확 다가와요. 실은 저도 그 고객 때문에 장염으로 고생 중이거든요. 내 몸을 위해서라도 스트레스 관리를 잘 해야겠군요.

03
감정노동에도 유형이 있다?

감정노동은 크게 세 가지 유형으로 분류할 수 있다.[3]

첫째, 미디어에 흔히 등장하여 우리에게 익숙한 감정노동은 '긍정적 감정노동'이다. 고객에게 무조건 친절하고 긍정적인 감정표현으로 서비스를 제공해야 하는 직업에서 주로 발생한다. 승무원이나 백화점, 레스토랑, 놀이동산, 고객센터 등 일반적인 서비스업에 속한 직업들이 거의 대부분 해당된다.

둘째, 중립적 감정노동이 있다. 이는 정서적 중립성을 유지하면서 객관적이고 공정한 정보를 전달해야 하는 임무를 수행하는 직업에서 많이 나타난다. 판사나 운동경기 심판처럼 냉정한 판단이 요구되거나 장의사, 카지노 딜러와 같이 감정에 휘둘려서는 안 되는 직업이 이에 속한다.

셋째, 부정적 감정노동은 위의 경우와는 달리 격앙된 정서를 요구받는 직업에서 발생한다. 경멸, 공포, 위협, 공격성 등

---

3) 출처 : 감정노동에 대한 문제점과 해결책 (4대금융지주회사), 건국대학교, 2013

부정적인 정서상태를 최대한 표출하는 노동을 제공해야 하는 직업으로 형사, 경찰, 검찰, 조사관, 감독관, 보안 경비 등이 이에 해당한다.

감정노동의 세 가지 유형에 대해 윤 대리와 감정연구소 소장의 대화를 통해 구체적인 사례를 알아보겠다.

감정은 흐른다

윤 대 리   지금 하는 일이 스트레스가 너무 많아서 이직을 생
각 중입니다. 어떤 직업이 감정노동이 적을까요?

감정연구소   스트레스의 정도가 현재 직업을 유지하는 데 많은
영향을 미치긴 합니다. 스트레스가 많으면 아무래
도 업무를 하기 쉽진 않겠죠.
하지만 감정노동을 인식하는 정도나 유형이 다를
뿐 감정노동이 없는 직업은 없답니다.

윤 대 리   헉! 감정노동이 없는 직업이 없다고요? 불만 고객
보다 더 심한 말씀입니다.

감정연구소   안타깝게도 그렇습니다. 어떤 상황에서건 사람과
의 접촉에서 감정노동은 발생할 수 있습니다.

윤 대 리   그렇다면 사람을 대하지 않는 직업을 선택하면 되
지 않을까요?

감정연구소   사람을 대면하는 것이 주 업무가 아닐지라도 일단
사람과의 접촉이 있다면 감정노동이 발생할 수 있
다는 겁니다. 여러 명의 사람을 만나는 것보다 오히
려 적은 인원끼리 근무하는 폐쇄적인 공간에서 감
정노동을 더 느낄 수도 있습니다.

윤 대 리   예를 들어서요?

감정연구소   예를 들어, 내가 연구소에서 혼자 연구하는 연구원
          이라고 가정해봅시다. 연구원은 감정노동을 느낄
          상황이 있을까요?

윤 대 리   글쎄요. 주 업무가 혼자 연구하는 일이라면 감정노
          동이 발생하지 않을 것 같은데요.

감정연구소   그렇지 않다는 겁니다. 연구소는 허가받은 사람만
          출입이 가능한 곳, 즉 폐쇄적인 공간입니다. 연구소
          에 연구원이 한 명일 가능성은 매우 희박합니다. 분
          야별로 연구원이 나누어져 있겠죠. 이런 상황에서
          내가 속한 연구 분야의 연구원 한 명과 갈등관계에
          있다고 가정해봅시다. 약품을 나누어 쓰는 관계에서
          말이죠. 그야말로 적막이 흐르는 연구소 내에서 그
          한 명 때문에 받는 스트레스와 나의 감정을 표현하
          지 못하는 감정노동은 적지 않으리라 예상됩니다.

윤 대 리   읙! 상상만 해도 끔찍한 상황이네요. 감정노동은 정
          말 고객에게만 느끼는 것이 아니군요. 차라리 언젠
          가는 전화를 끊을 불만 고객이 나을 수도 있겠어요.

감정연구소   하하! 어느 쪽이 낫다, 그렇지 않다고 보긴 어렵죠.
          넘어져서 무릎에 상처 난 것과 채소를 썰다 칼에 베
          인 손가락 중 어떤 것이 더 아프다고 할 수 없는 것
          처럼요.

윤 대 리   사람과 말을 하지 않거나, 관계가 틀어져 있을 때 그 사람과의 신경전은 많은 에너지를 소비하게 하죠. 그런데 이런 것도 감정노동에 속하나요? 자신의 현재 감정과는 무관하게 웃으면서 서비스를 제공해야 하는 것이 감정노동 아닌가요?

감정연구소   지금 윤 대리님이 말씀하신 것은 감정노동이 맞습니다. 하지만 감정노동의 유형으로 보면, '긍정적 감정노동'에 속합니다.

감정노동은 쉽게 표현하면, 현재 나의 감정을 숨겨야 하는 모든 상황에 적용할 수 있습니다. 러셀 혹실드의 '감정노동'에 대한 정의도 서비스 노동에만 국한된 것은 아니었습니다. 다만 '긍정적 감정노동'의 사례가 대표적이며, 서비스의 상품화로 인해 발생하는 것으로 자본주의를 비판하기 위한 하나의 장치로 사용한 것뿐입니다.

러셀 혹실드는 '긍정적 감정노동'과 함께 '중립적 감정노동', '부정적 감정노동' 이렇게 세 가지로 감정노동을 분류했습니다.

그중 긍정적 감정노동은 이미 윤 대리님이 말씀하셨고, 중립적 감정노동은 객관적이고 공정한 정보를 전달해야 하는 임무를 수행하는 직업에서 나타날 수 있습니다. 자신의 감정을 드러내지 않고 무표정으로 일관해야 하는 직업이 이에 속하죠. 예를 들면 판사, 운동경기 심판, 장의사, 카지노 딜러와 같은 직업 말입니다.

윤 대 리   포커페이스를 유지해야 하는 직업이군요. 소장님의 말씀을 들어보니, 저희 불만 부서도 고객센터 내에서는 중립적 감정노동 쪽에 더 가까운 것 같습니다. 상담사와 같이 친절 모드로 전화를 받았다가는 더 큰 불호령이 떨어질 수 있습니다. 부서에 처음 이동해서 그렇게 전화 받았다가 넌 상담원 아니냐고 정말 호되게 당한 일이 있었습니다. 그래서 목소리를 중저음으로 내고, 정중하나 위엄 있게 대화를 하는 편입니다.

감정연구소   그렇군요. 그렇다면 윤 대리님은 긍정적 감정노동을 하는 부서와 중립적 감정노동을 하는 부서를 모두 경험해보신 셈이네요. 이런 표현이 적합한지 모르겠습니다만, 어떤 유형의 감정노동이 스트레스가 더 적었나요?

윤 대 리   음…. 이거야말로 Case by Case 입니다.

감정연구소   고객의 불만 정도나 성향에 따라 내가 느끼는 감정노동이 다른 것처럼 이것도 어느 것이 낫다고 표현하기 모호한 건가요?

윤 대 리 　조금 전 말씀하신 것처럼 손가락이 더 아픈지 무릎이 더 아픈지인 것 같아요. 둘 다 아픈 건 아픈 거고, 단지 다친 이유와 다친 부위가 다를 뿐이니까요.

감정연구소 　마지막으로 부정적 감정노동은 위협적인 자세를 취해야 하는 직업에서 발생하며, 경멸, 공포, 위협, 공격성 등의 정서를 표현해야 합니다. 예를 들면 형사, 경찰, 검찰, 조사관, 감독관, 보안 경비 등이 이에 해당합니다.

윤 대 리 　부정적 감정노동에 해당하는 직업은 불만 고객과 자리를 바꾼 거나 다름없네요. 직업상 계속 화를 내야 하는 거죠?

감정연구소 　하하! 윤 대리님의 말씀이 재미있습니다.

　　　　　형사나 경찰, 군인의 직업을 가진 자녀를 보면 부정적 감정노동을 해소하지 못한 사례를 간혹 볼 수 있습니다. 부모의 부정적 감정노동은 자녀에게 전달됩니다. 이렇게 위협적이고 공격적인 환경에서 성장한 자녀는 나중에 사회에 나와서 위협적이고 공격적인 성향을 띠게 될 수 있습니다.

윤 대 리 　저도 그런 사례를 본 적이 있어요. 아버지가 군인이었던 신 팀장의 팀이 상담사 이직률이 다른 팀의

3배나 되거든요. 원인을 분석한 결과, 신 팀장이 상담사와의 관계에서 라포[4]를 형성하지 못하고 커뮤니케이션이 원활하지 못했던 점이 확인되었어요. 나의 해소되지 않은 감정노동이 자녀에게 넘어간다니, 감정은 연결되어 있다는 생각이 드네요.

감정연구소 에너지는 흐릅니다. 감정은 사람이 표현할 수 있는 에너지라고 보면 돼요. 내가 받은 에너지를 그대로 발산하는 사람이 있고, 그 에너지를 플러스 에너지로 승화시켜 발산하는 사람이 있죠.

사람은 계속해서 다른 사람에게 에너지를 받고 있습니다. 그 에너지가 감정노동과 같이 마이너스적인 에너지일 경우, 에너지를 승화시키기 위해 나의 내면에 너무나 많은 에너지를 필요로 하므로 마음이 힘들어지는 겁니다.

윤 대 리 그렇다면 고객은 매일매일 나에게 에너지를 던져 주고 있는 거나 다름없군요. 결국, 고객이 던진 에너지의 모든 것이 다 나의 감정이 된다는 얘기네요.

---

4) 라포(rapport) : 상담이나 교육을 위한 전제로 신뢰와 친근감으로 이루어진 인간관계이다. 라포를 형성하기 위해서는 타인의 감정, 사고, 경험을 이해할 수 있는 공감대 형성을 위해 노력해야 한다.

감정연구소　　그럴 수도 있고, 아닐 수도 있습니다.

그 에너지를 내 마음속에 그대로 넣지 않기 위해 내

마음의 방패가 필요하다고 말씀드리는 겁니다.

Case 2

나의
감정노동
수준은?

감정노동의 내면행위

윤 대 리　　감정이 연결되어 있다는 말씀에 저는 반대합니다.

감정연구소　반대한다는 말씀은 어떤 의미인가요?

윤 대 리　　오늘 아침 혹은 전날 저녁에 속상한 일이 있었다고
　　　　　　해봐요. 물론 사적인 일이지요. 예를 들면, 남자친
　　　　　　구와 다퉜다든지 혹은 집안에 안 좋은 일이 있었다
　　　　　　든지….

감정연구소　네! 흔히 일어날 수 있는 일이네요.

윤 대 리　　그런데 출근해서 근무 시작 전에 CS 교육을 받습니
　　　　　　다. CS 교육에서 스마일 훈련을 받은 후, 어느새 속
　　　　　　상한 일은 잊어버리고 동료들과 웃고 있는 저를 보
　　　　　　곤 합니다. 감정은 연결된 것이 맞나요? 아니면 내
　　　　　　안에 또 다른 내가 있는 건가요?

감정연구소　하하! 내 안의 또 다른 나라…. 그렇게 생각하실 수
　　　　　　도 있겠네요!

위에서 설명한 감정이 연결되어 있다는 말은 내가 느끼거나 받은 감정은 내가 인지하지 못하는 무의식中에 나와 섭하는 어떤 대상에게 전달될 수 있다는 것을 의미합니다. 그래서 흐른다는 표현을 쓴 것입니다. 물은 흘러야지 해서 흐르지 않죠. 그냥 흐르는 게 물이죠.

윤 대리님이 말씀한, 스마일 훈련을 받고 나의 실제 기분과는 다르게 웃고 있는 나를 발견하셨다는 것 또한 감정노동에 해당합니다.

윤 대 리   저는 일부러 웃은 것이 아니라 무의식중에 웃었을 뿐인걸요.

감정연구소   러셀 혹실드는 감정노동의 측정방법을 여러 개로 분류했습니다. 그중 표면화 행위와 내면화 행위가 있는데 지금 말씀하신 내용이 내면화 행위에 해당합니다. 고객에게 보여주려는 감정, 상냥함이나 친절함을 진짜 내 감정인 것처럼 실제로 느껴보려고 나는 웃어 보인 것이 아닐까요?

윤 대 리   내면화 행위요?

감정연구소   더 쉽게 표현하자면, 연기자를 예로 들 수 있습니다. 극 중 인물을 표현하기 위해 실제로 그 사람이 된 것처럼 몇 개월씩 생활하다가 연기가 끝나고 나면 헤어나오기가 힘들다는 인터뷰를 본 적 있으신가요?

윤 대 리 예! 박신양의 인터뷰에서도 본 적이 있는 것 같고, 몇몇 배우의 인터뷰에서 종종 본 것 같습니다.

감정연구소 배우뿐 아니라 개그맨이나 개그우먼도 마찬가지입니다. 자신의 감정과는 다른 감정을 표현하지만, 그 와중에 자신이 표현하는 감정을 진실로 느끼려고 노력하죠. 자신이 실제로 느끼지 않으면 개그 연기의 전달력이 떨어질 수 있기 때문입니다.

어떻게 보면 표면적으로 다르게 행동하는 것보다 이 내면화 행위가 감정노동을 더 크게 느끼는 요인이 될 수도 있겠습니다. '감정노동에 대한 측정 진단지' 로 표면행위와 내면행위 중 어떤 것이 더 높은지 측정해보죠.

◆ 감정노동에 대한 측정 진단지

항목	내용	점수 (5점)
표면 행위	니는 마음속으로 느끼는 것과는 다른 말과 행동으로 고객을 상대한다.	
	나는 고객에게 솔직한 감정을 숨기는 경우가 있다.	
	나는 실제 감정과 다른 감정을 표현하려고 한다.	
	나는 고객을 대할 때 형식적인 행동과 말을 한다.	
내면 행위	나는 업무를 시작하기 전에 즐거웠던 일을 생각한다.	
	나는 업무를 시작하기 전에 감정을 실제로 느끼도록 실천하려고 노력한다.	
	나는 감정표현을 다양하게 하려고 노력한다.	
	나는 진실된 감정을 표현하려고 노력한다.	

관광·레저연구 제23권 제3호 (통권 제58호)

혹실드(Hochschild, 1983)와 그랜디(Grandey, 2000)에 근거하여, 감정노동을 표면화 행위(surface acting)와 내면적 행위(deep acting)라는 두 가지 차원으로 구성된 것으로 기재할 수 있다.

표면화 행위는 자신의 감정과 달리 고객에게 거짓 감정을 표현하거나, 실제 감정과는 다른 행동이나 감정을 표현하는 것을 의미한다. 즉 조직의 규칙에 일치하기 위해 '표면적으로' 나타나는 감정의 보이는 측면들을 조정해가는 상태를 말한다.

내면화 행위는 심층적 행동이라고도 하며, 고객(상대방)에게 보여주려는 감정(상냥함, 친절 등)을 실제로 느끼려고 하는 것을 의미한다. 즉 상황의 요구에 맞추기 위해 외적 태도를 조정해가지만 내적인 감정은 변하지 않은 채로 남아 있는 상태를 가리킨다.

〈감정노동에 대한 측정 진단지〉의 각 항목마다 5점 만점에 내가 느끼는 감정은 몇 점 정도인지 나의 감정노동을 점수화해보자. 내 점수가 표면행위가 높은지 내면행위가 높은지 항목별 점수를 합산해 측정해보자.

05
미술치료를 통한 스트레스 측정방법

감정노동 상황의 예시

감정연구소   결과가 어떻게 나왔나요?

윤 대 리   저는 표면행위 점수가 더 높은 것으로 나왔습니다. 그나저나 현재 느끼는 감정노동의 행위 유형은 진단했는데, 감정노동의 느끼는 정도를 측정할 수는 없을까요?

감정연구소   스트레스 측정에는 다양한 진단지와 다양한 방법이 있습니다. 너무 종류가 많아 어떤 것을 소개해드려야 할지 오히려 고민되는군요.

윤 대 리   종류가 많다면, 이번에는 색다른 방법으로 스트레스를 측정할 방법을 소개해주셨으면 합니다.

감정연구소   색다른 방법이라···. 그렇다면, 이번에는 투사 검사[5]

---

5) 임상미술치료의 이해, 김선현, 학지사, 2006.

를 소개하겠습니다.

투사 검사는 인간이 가진 욕구나 성격, 심리상태를 파악하기 위한 검사입니다. 진단지를 가지고 하는 다른 검사들의 경우 구체적인 성격을 측정하고 수치화시키는 데 반해 투사 검사는 성격의 구조나 역동, 무의식적인 면을 측정하는 것이 목적이죠.

윤 대 리 무의식을 측정한다고요? 색다르긴 하군요.

감정연구소 하하! 낯선 표현이었나요? 실제로 하는 방법을 말씀드리면, '아하! 어디에서 봤었는데….' 하실 겁니다. 미술치료에 대해 들어본 적 있으실 겁니다.

피검사자가 그린 그림을 해석하며 심리상태를 예측하는 방법이죠. 개인의 내적 심리상태를 진단하는 목적으로 HTP 그림 검사(House-Tree-Person Test, 집-나무-사람 그림 검사), PITR 그림 검사(Person-In-The-Rain Test, 빗속의 사람 그림 검사)를 많이 이용하고 있습니다.

윤 대 리 그렇게 설명해주시니 사람이나 나무를 그린 그림을 보고 심리상태를 설명하는 것을 종종 방송에서 본 적 있는 것 같습니다.

감정연구소 네~ 최근에 미디어를 통해서도 다양한 방법으로 소개되고 있습니다. 최근에 '나 혼자 산다'라는 예능 프로그램에서 전현무 씨가 본인의 스트레스를 측정하는 과정에 빗속의 사람 그림 검사가 나오기도 했답¹다. 윤 대리님도 한번 빗속의 사람 그림 검사를 해보시겠습니까?

윤 대 리 　하지만 이 책을 보시는 분들은 혼자 계실 텐데 그림 검사 측정이 가능합니까?

감정연구소 　미술치료에 관한 세세한 부분까지 알려드리고자 한다면 책 한 권으로도 부족할 겁니다. 하지만 현재 나의 스트레스 정도만 가볍게 알고 가는 방법이라면 제가 제시해드릴 수 있습니다. 그리고 요즘엔 인터넷 검색 네이버가 만물박사 아닙니까?

윤 대 리 　하하! 저의 기우였나요?

감정연구소 　자~ 그럼 시작하겠습니다.

제가 4B 연필, 지우개, A4 용지를 준비했습니다. 연필은 꼭 4B가 아니어도 무관하나 부드럽게 사용되는 연필이면 더 좋겠습니다. 그리고 용지 또한 A4 용지가 아니어도 무방합니다만, 어떤 것도 적혀 있지 않은 백지로 준비해주시기 바랍니다.

윤 대 리 　마음의 준비도 필요하겠죠?

감정연구소 　자~ 그럼 함께 마음 준비를 해볼까요?

지금 비가 내리고 있습니다. 빗속에 있는 사람을 그

려주세요. 시간제한은 없으며 지우개를 사용해도 됩니다. 만화나 막대기 같은 사람이 아니고 완전한 사람을 그리세요. 그림을 그릴 때는 옆 사람의 그림을 흉내 내거나, 서로 의논하지 말고 자신의 생각대로만 정성 들여 그려주시기 바랍니다.

■ 주의

다음 페이지에 빗속의 사람을 그려본 후 다음 대화를 읽으시기 바랍니다. 다음 대화를 읽은 후에는 이미 답을 안 상태에서 테스트가 불가하니 참고해주세요~

꼭 한번 그려보세요!

빗 속의 사람 그림검사 그리기

▶ 그림을 다 그린 후에는 그림을 그린 순서와 그림 속의 인물은 누구이며 그 사람은 무엇을 하고 있는지, 어떤 생각을 하고 있는지, 기분은 어떤지 등에 관하여 설명해보자.

빗속의 사람 그림 검사(PITR : Person In The Rain)

'빗속의 사람' 그림 검사는 프랑스의 Fay(1923, 1934)에 의해 개발되었으며, Winth(1935)에 의해 수정되고 새롭게 표준화되었다. 그 후 Rey(1947)가 Goodenough(1926)와 앞의 연구자들의 득점 시스템을 기초로 추가적인 수정을 하여, 1300명의 스위스 아동을 대상으로 실시되었다.

'빗속의 사람' 그림은 투사적 그림 검사로 인물화 검사에 '비'라는 요소를 첨가한 것이다. 이는 그림을 그린 사람이 현재 겪고 있는 스트레스의 정도와 대처 능력을 측정한다. 그림 속에서 '비'는 스트레스를 나타내고, '비의 질'은 그림을 그린 사람이 느끼는 스트레스의 양을 나타낸다(손무경, 2004). '비'에 대한 방어로서 우산이나 우비, 나무가 스트레스에 대한 대처 행동을 나타내는데, 이는 그들이 비를 상대로 얼마나 사람을 잘 보호하고 있는지를 상징한다 (Verinis, Lichtenberg & Henrich, 1974).

빗속의 사람 그림 검사에 대한 해석

1. 빗줄기의 양

ⓐ 비는 스트레스를 의미하며, 빗줄기의 양은 피검사자
가 받고 있는 스트레스의 양으로 본다.

ⓑ 비가 조금 내리는 것으로 묘사한 경우 피검사자가 스
트레스에 민감하지 않은 것으로 해석한다.

ⓒ 빗줄기가 세차고 굵다면 받고 있는 스트레스의 양이
그만큼 많다는 의미이다.

2. 비에 대한 대응

ⓐ 그림 속 사람의 비에 대한 대응은 피검사자의 스트레
스에 대한 대응이다. 우산을 쓰고 있거나, 처마 밑에
피해 있는 등 비에 대응을 하고 있다면 피검사자가 스
트레스에 적절히 대응하고 있음을 의미한다.

ⓑ 그림 속 사람이 무방비 상태로 내리는 비를 맞고 있
다면 스트레스에 적절히 대응하지 못하고 있음을 뜻
한다.

3. 사람

ⓐ 사람의 크기 : 그림 속 사람의 크기는 피검사자의 자

아에 대한 크기이다.

ⓑ 표정 : 그림 속 사람의 표정은 스트레스를 받으면서 나타나는 자아의 표징이라고 본다. 힘든 표정을 하고 있다면 스트레스로 인해 힘들고 지쳤음을 의미하게 된다.

4. 기타

ⓐ 가로등 : 애정, 지지, 관심 등을 나타낸다.

ⓑ 우산의 크기 : 피검사자의 스트레스에 대한 대응이 어느 정도인지를 말해준다. 지나치게 큰 우산을 그려놓았을 경우, 스트레스를 처리하는 데 피검사자가 너무 많은 에너지를 소비하고 있다는 의미이다.

ⓒ 천둥, 번개 : 피검사자가 현재 상당한 스트레스에 직면해 있다는 것을 알 수 있다.

ⓓ 타인에게 우산을 씌워주는 그림 : 피검사자가 타인의 스트레스까지 떠안으려 하는 것을 의미한다.

출처 : 임상미술치료의 이해, 김선현, 학지사, 2006

윤 대 리 다 그랬습니다.

감정연구소 윤 대리님의 스트레스는 어느 정도인지 한번 측정
해볼까요? 대리님의 그림을 보기 전에 먼저 주의점
을 말씀드리겠습니다. 미술치료는 'A는 B다'라는
공식으로 해석해서는 안 됩니다. 나의 전반적인 상
황이나 처지에 맞추어 해석하되 앞에 기재되어 있
는 해석 지표를 참고하는 것입니다. 절대적으로 미
술치료에 사용된 내담자의 그림만 가지고 100% 해
석하는 일이 없도록 주의해주시기 바랍니다.

윤 대 리 애매한 자극에 의한 측정이니 결과도 모호한 것인
가요?

감정연구소 하하! 그런 것은 아닙니다. 다만, 미술치료에 의한
해석을 참고하되 나의 상황을 단정 짓지는 말자는
의견입니다.

윤 대 리 알겠습니다. 그 점 참고하도록 하죠.

감정연구소 앞에 기재되어 있는 질문에 따라 답을 해보죠. 그림
을 그린 순서를 말해보고, 그림 속의 인물은 누구이
며, 그 사람은 무엇을 하고, 무슨 생각을 하고 있으
며, 기분은 어떤지 말해볼까요?

윤 대 리 그림은 먼저 저를 그렸고, 그다음 비를 그렸습니다.
그림 속의 인물은 저고요, 빗속을 헤매고 있습니다.

어떻게 비를 피할까 생각하고 있고, 기분은 꽤 눅눅하네요.

감정연구소   지세히 실명해주셔서 감사합니다. 빗속의 대리님 자신을 그렸는데, 우산을 쓰고 있지 않고 비를 맞고 계시군요. 거기다 빗줄기도 강하게 그렸어요. 미술치료에서는 해석할 때 연필을 사용하기 때문에 그린 악력을 볼 수 있습니다. 세게 그리거나 진하게 그린 것은 내담자가 강조하고 싶은 세상이나 대상을 무의식중에 표현한 것이라고 볼 수 있습니다.

윤 대 리   그러고 보니, 제가 빗줄기를 세게 그린 것 같네요. 그 부분만 진하게 표현되어 있어요.

감정연구소   비는 스트레스의 양을 의미합니다. 우산 없이 강한 비를 맞고 있습니다. 우산이 없다는 것은 스트레스를 방어하지 못하고 있는 상태라고 볼 수 있습니다. 비의 양은 현재 대리님의 스트레스 양을 의미하므로, 스트레스가 매우 크다고 볼 수 있겠네요.

06

스트레스를 방어하는
방어기제

윤 대 리 네~ 그 고객 때문에 굉장히 힘든 상태입니다. 입사한 이래로 처음으로 퇴사를 진지하게 고민하고 있으니까요. 그런데 이런 상태에서도 스트레스를 방어한다는 것이 가능한가요?

감정연구소 그럼요. 앞서 진화심리학에 대해서 말씀드렸습니다만, 인간은 신체적으로든 정신적으로든 상처받지 않으려고 방어하고자 하는 본능이 있습니다. 이것을 심리학에서는 방어기제라고 합니다.

윤 대 리 방어기제라고요? 처음 듣는 용어예요.

감정연구소 방어기제란, 자아가 위협받는 상황에서 무의식적으로 자신을 속이거나 상황을 다르게 해석하여, 감정적 상처로부터 자신을 보호하는 심리 의식이나 행위를 가리키는 정신분석 용어입니다.

예를 들면, 힘든 상황에서 다른 사람 탓을 한다든지, 다른 핑계를 찾는다든지 하는 모든 행동이 자신을 방어하기 위한 행동이라고 볼 수 있습니다. 쉽게 말하면, 윤 대리님은 강한 스트레스를 방어하지 않고 온 몸으로 맞고 계신 거라고 보시면 되겠습니다. 이마도 지금 현재 상황을 보면, 매일 전화 오는 그 고객으로 인한 스트레스를 해소하지 못한 것이 장염으로 표출될 정도로 심각한 상황인 듯합니다.

윤 대 리　스트레스로부터 자신을 방어한다고요? 제가 방어하지 못하고 있다면, 말씀하신 방어기제에는 어떤 것이 있는데요?

감정연구소　방어기제의 종류를 보여드리겠습니다. 각각의 정의는 다음 페이지를 참고하시고요.

건강하지 못한 방어기제로는 합리화, 억압, 투사, 치환, 반동형성, 퇴행 등이 있습니다. 각각의 예시를 살짝 설명해보겠습니다. 합리화는 말 그대로 자신의 행동을 그럴듯하게 합리화시키는 것을 말합니다. 종종 우리는 이렇게 나의 행동을 합리화시키며 변명을 하기도 하잖아요.

윤 대 리　그렇죠. 이런 경우는 자주 보죠.

감정연구소　억압은 불쾌한 사건에 대해서 무의식적으로 잊어버리는 것입니다. 불쾌한 경쟁자가 생겼을 때, 경쟁자의 이름 자체를 잊는다든지 하는 경우가 이에 속합니다. 투사는 남 탓을 하는 경우이고, 치환은 속

담으로 표현하면 '종로에서 뺨 맞고 한강에서 화풀이한다'입니다. 마지막으로 반동형성은 자신의 동성애적 충동을 방어하기 위해 동성애를 지나치게 비난하는 경우가 이에 속합니다. 퇴행은 동생을 본 네살 아이가 갑자기 기어 다니면서 젖병을 빠는 경우 퇴행 행동을 보인다고 합니다.

윤 대 리 방어기제의 종류가 많군요. 그런데 이상하네요. 제가 스트레스를 방어하기 위해서 남 탓을 하고, 퇴행 행동을 보였다면 감정노동을 더 적게 느꼈을 거란 말씀이신가요?

감정연구소 아닙니다. 지금까지의 방어기제는 심리적으로 건강하지 못했을 때 나타나는 방어기제입니다. 건강한 방어기제로는 승화, 보상, 유머 등이 있습니다. 이것이 감정노동 해소에 도움이 되는 방어기제라고 보시면 되겠습니다.

먼저 승화는 공격적인 에너지를 사회적으로 허용받는 범위 내에서 행하는 것으로 전환하는 것을 의미합니다. 범죄심리학에서 종종 드는 예시인데, 살인자는 사람을 찌르고 살을 자르는 행위에서 카타르시스를 느낀다고 합니다. 이것을 승화시킨 예가 외과 의사랍니다.

윤 대 리   살인자와 외과 의사요? 그러고 보니 목적은 다르지
          만, 살인자와 외과 의사의 과정은 공통점이 있어 보
          이긴 합니다. 그래도 상상하려니 스릴러 영화 보는
          것 같아 오싹합니다.

감정연구소   그렇죠? 과정의 공통점은 있지만, 결과는 정반대
          의 결과를 낳을 수 있습니다. 그러므로 긍정적인 방
          어기제인 거죠. 보상은 부족한 점을 감추기 위해 어
          떤 긍정적 특성을 발전시켜나가는 것으로, 예를 들
          면 얼굴이 못생긴 게 콤플렉스인 사람이 공부를 열
          심히 해서 뛰어난 능력을 갖추는 것과 같은 것들이
          죠. 마지막으로 유머는 별도로 설명하지 않아도 아
          시리라 생각됩니다. 심각한 상황을 유머로 말하며
          별거 아닌 듯이 말하고 지나가는 것을 본 적이 있으
          실 겁니다.

윤 대 리   요즘 즐겨 보는 '삼시세끼'라는 예능 프로그램에서
          폭염에 부대찌개를 끓여 먹게 되었어요. 유해진 씨
          가 "예로부터 우리 선조들은 폭염엔 부대찌개를 끓
          여 먹으며 더위를 피했다"고 농담해 웃었던 기억이
          있어요. 폭염에 수박을 따는 노동을 하고 와서 가마
          솥 밥에 부대찌개를 먹었으니 얼마나 더웠을까요?

감정연구소   그렇게 덥고 짜증 나는 상황을 유머로 승화시키면

승화의 에너지가 주변인에게도 퍼지게 되죠.

윤 대 리 그렇군요. 건강하지 못한 방어기제와 건강한 방어기제를 나누어보니 내가 평소에 어떻게 행동했었는지 생각해보게 되네요. 하지만 마음은 이미 짜증이 나는데, '건강한 방어기제를 사용해야지!' 할 수는 없지 않나요?

감정연구소 마음과 다르게 행동해야 하는 것이 감정노동이니 그렇게 되면 감정노동을 해소하는 방법이 될 수는 없겠군요.

방어기제 (defense mechanism)의 종류

· 합리화(rationalization)

  수용할 수 없는 행동을 그럴듯한 변명으로 정당화하는 것

· 억압(repression)

  불쾌한 사고나 갈등을 무의식에 묻어두는 것

· 투사(projection)

  자신의 생각, 감정, 동기 등을 다른 사람의 탓으로 돌리는 것

· 치환(displacement)

  어떤 대상에게 느낀 감정을 다른 대상에게 전환하는 것

· 반동형성(reaction formation)

  자신의 실제 감정과 상반되게 행동하는 것

· 퇴행(regression)

  미숙한 행동양식으로 돌아가는 것

· 승화(sublimation)

  성적, 공격적 에너지를 사회적으로 허용·칭찬받는 경로로
  전환하는 것

· 보상(compensation)

  부족한 점을 감추기 위해 약점을 지각하지 않거나 어떤 긍정
  적 특성을 발전시켜나가는 것

· 유머 (humor)

  기분 나쁘거나 공격적인 충동을 농담으로 방어하는 것

Case 3

감정노동이
높은
직업군은?

07

감정노동을
많이 수행하는 직업군은?

감정노동을 상대적으로 많이 수행해야 하는 직업군은 음식 서비스 관련직, 영업 및 판매 관련직, 미용 · 숙박 · 여행 · 오락 · 스포츠 관련직 등이다. 상대적으로 감정노동을 적게 수행하는 직업군은 농림어업 관련직, 문화 · 예술 · 디자인 · 방송 관련직, 교육 및 자연과학 · 사회과학 연구 관련직 등이다. 이는 직업 중분류 수준에서 감정노동의 정도를 비교한 것이다.

이를 세분하여 75개 직업의 유형별로 감정노동을 많이 수행하는 직업을 다음과 같이 분류할 수 있다.

① 홍보 도우미 및 판촉원, 통신 서비스 및 이동 통신기 판매원, 텔레마케터, 매장 계산원 등 일반적으로 영업과 판매원이라고 불리는 영업 및 판매 관련직
② 미용 · 숙박 · 여행 · 오락 · 스포츠 관련직 중에서는 미용사, 피부미용 및 체형관리사, 결혼상담원 및 웨딩플래너, 항공기 객실 승무원 등

③ 음식 서비스 관련직으로는 조리사와 바텐더, 패스트 푸드점 직원, 웨이터 및 접객원 등

④ 보건 · 의료 관련직으로는 일반 의사, 한의사, 치과의사, 약사 및 한약사, 간호사(조산사 포함), 치과위생사, 물리 및 직업 치료사, 임상심리사 및 치료사, 안마사, 영양사 등

⑤ 사회복지 및 종교 관련직 중에서는 사회복지사, 직업 상담사 및 취업 알선원, 보육교사, 성직자 등

⑥ 보안 업무를 맡고 있는 경찰관, 소방관, 경호원, 검침원 및 안전점검원 등

⑦ 문화 · 예술 · 디자인 · 방송 관련직으로는 아나운서 및 리포터, 마술사, 배우 및 모델, 연예인 및 스포츠 매니저 등

출처 : KRIVET Issue Brief, 2013, 26호

◆ 감정노동을 많이 수행하는 직업 30선

직업 코드	직업명	평균	직업 코드	직업명	평균
1241	항공기 객실 승무원	4.70	0651	물리 및 직업 치료사	4.20
1054	홍보 도우미 및 판촉원	4.60	0291	비서	4.19
1032	통신서비스 및 이동통신기 판매원	4.50	1274	스포츠 및 레크리에이션 강사	4.18
1223	장례상담원 및 장례지도사	4.49	0614	치과의사	4.16
0863	아나운서 및 리포터	4.46	0711	사회복지사	4.16
0181	음식 서비스 관련 관리자	4.44	1233	여행 및 관광통역 안내원	4.15
1154	검표원	4.43	0531	경찰관	4.15
0882	마술사	4.39	1221	결혼상담원 및 웨딩플래너	4.13
1321	패스트푸드점 직원	4.39	0471	유치원 교사	4.13
0282	고객 상담원 (콜센터 상담원)	4.38	0881	연예인 및 스포츠 매니저	4.13
1212	미용사	4.35	1111	경호원	4.12
1034	텔레마케터	4.35	0331	보험 영업원	4.12
0323	출납창구 사무원	4.34	0721	보육교사	4.12
0675	응급구조사	4.34	0631	약사 및 한약사	4.11
0641	간호사 (조산사 포함)	4.33	1231	여행상품 개발자	4.10

출처 : KRIVET Issue Brief, 2013, 26호

대면·비대면의 감정노동 수준

윤 대 리 　앞에서 감정노동에 자유로운 직업, 그러니까 감정
　　　　　노동이 없는 직업은 없다고 하셨잖아요.

감정연구소 　네! 그랬었죠. 다만, 감정노동을 느끼는 정도의 차
　　　　　이는 분명 있습니다. 그것은 개인의 성격 차이가 아
　　　　　닌 그 직업의 평균적인 수치로 말씀드린 겁니다.

윤 대 리 　그렇다면 감정노동이 가장 높은 직업은 어떤 직업
　　　　　인가요?

감정연구소 　연구 결과에 따라서, 대동소이합니다. 아무래도 항
　　　　　공기 객실 승무원과 고객센터 상담사가 가장 상위
　　　　　에 있다고 봐야겠죠. 진상 고객의 녹취 파일이 유튜
　　　　　브에 돌기 시작하면서 고객센터 상담사가 감정노
　　　　　동직으로 한 표를 받았는데, 대한항공의 땅콩 회항
　　　　　사건 이후로는 항공기 객실 승무원을 따라잡기 힘
　　　　　들어 보입니다.

윤 대 리 　대한항공의 땅콩 회항 사건은 국내뿐 아니라 해외
　　　　　에서도 이슈였죠.

감정연구소 　단 몇 분만 통화해도 진상이라고 생각되는 고객과
　　　　　비행기를 같이 타고 대면해서 몇 시간씩 같이 있어
　　　　　야 한다고 생각해보십시오. 어느 쪽이 감정노동이

더 크겠습니까?

윤 대 리　　당연히 대면해서 몇 시간씩 같이 있는 것이 더 힘들 겠군요.

감정연구소　　하지만 꼭 그렇지만도 않습니다.

윤 대 리　　그건 또 무슨 말씀이죠?

감정연구소　　고객센터에서 불만 고객 건을 처리하다 보면 종종 고객을 만나는 예도 있습니다. 관리자가 되면 설득 이 안 되는 경우 오히려 먼저 고객을 찾아뵙겠다고 하는 경우도 있고, 고객이 방문하는 때도 있죠.
　　　　　　　　이것은 심리적인 부분을 이용하는 것이기도 한데 요. 사람은 보이지 않는 전화보다 보통 대면하게 되 면 좀 더 살갑게 대하는 경향이 있습니다.

윤 대 리　　저도 경험해본 적이 있습니다. 전화상으로는 막말 하던 고객이 막상 만나면 그렇지 않은 경우가 많았습 니다. 하지만 그런 태도는 너무 치사한 것 아닙니까?

감정연구소　　말씀드린 것처럼 인간의 심리적인 부분입니다. 말 하자면, 친구와 전화로 대화하는 것보다 문자로 대 화하는 경우 서로의 의사표현에 오해할 수 있는 소 지가 더 크지 않습니까? 마찬가지로 대면해서 말하 다 보면 다양한 루트로 상대방의 의사표현을 인지 할 수 있습니다. 예를 들어 상대방의 표정이나 행동

등에서요. 이 사람이 어떤 의미로 나에게 이런 말을 하는지 더 잘 이해할 수 있죠. 오해의 소지가 줄어든다는 이야깁니다.

윤 대 리 　다양한 측면에서의 의사소통이 갈등을 좀 더 줄일 수 있다는 말씀이신가요?

감정연구소 　그럴 가능성이 더 커진다는 의미이지 꼭 그렇다는 것은 아닙니다.

윤 대 리 　말씀이 이해하기 힘드네요. 그러니까 고객과 대면하는 객실 승무원이 감정노동의 정도가 더 심하다는 건가요, 아니면 고객과 대면하지 않는 고객센터 상담사가 더 심하다는 건가요?

감정연구소 　감정노동 측면에서 말하자면, 대면 상태에서의 고객의 경우 고객센터 상담사가 받을 수 있는 자잘한 고객 불만은 오히려 침묵으로 일관할 수도 있다는 겁니다. 그리고 감정노동 강도가 큰 고객 불만, 즉 대한항공 땅콩 회항 사건과 포스코사 상무의 싸대기 라면 사건과 같은 경우는 더 크게 감정노동을 느낄 수도 있다는 말입니다.

윤 대 리 　결국, 이것도 Case by Case란 말씀이시네요.

감정연구소 　맞습니다. 하지만 개인적으로는, 대면으로 고객을 대하는 경우 나의 감정과 표정을 숨길 수 없으므로 감정노동이 더 크지 않겠나 하는 의견입니다.

윤 대 리 　그 의견엔 저도 공감합니다. 그럼 항공기 객실 승무원과 고객센터 상담사 이외에 어떤 직업이 감정노동을 많이 수행하고 있나요?

감정연구소 　알려지지 않은 직업 중심으로 말씀드리면, 아나운서 및 리포터, 마술사, 간호사, 치과의사, 물리치료사, 경찰관, 약사 및 한의사 등 전문직으로 알려진 직업이 많습니다.

윤 대 리 　과거에 선호하는 직업으로 손꼽혔던 일명 '사'자 들어가는 직업이 많이 포함되어 있네요. 이건 좀 의외인데요.

감정연구소 　오히려 미디어에서 비정규직이나 고객응대를 겸하는 직업이 감정노동이 높은 것처럼 왜곡시키고 있다고 봅니다. 자본주의 사회가 감정노동을 좀 더 강화했다는 점에는 공감합니다만, 자본주의 사회가 만들어낸 것은 아닙니다. 사회적인 지위와 관계없이, 그리고 서비스 노동직에만 국한되어 나타나지 않는다는 것이 그것에 대한 답이라고 볼 수 있겠습니다.

대한항공 086편 회항 사건

대한항공 086편 회항 사건은 2014년 12월 5일 존 F. 케네디 국제공항을 출발하여 인천국제공항으로 향하던 대한항공 여객기 내에서, 대한항공 조현아 당시 부사장이 객실 승무원의 마카다미아 제공 서비스를 문제삼아 항공기를 램프 유턴시킨 뒤 사무장을 강제로 내리게 할 것을 요구하고, 기장이 이에 따름으로써 항공편이 지연된 사건이다. 대한항공 이륙 지연 사건, 땅콩 리턴, 땅콩 유턴, 땅콩 회항 사건 등으로 불린다.

이 사건에 대해 '사상 초유의 갑질'이라는 비판이 있었다. 영국 일간지 《가디언》은 "'땅콩(미친) 분노(nuts-rage)'로 조사를 받게 된 대한항공 임원"이란 제목의 기사로 상황을 전했다.

출처 : 위키백과

08

모든 직업은
서비스화되고 있다

대면·비대면의 감정노동 수준

윤 대 리 　 모든 직업이 감정노동에서 자유로울 수 없다고 하
　　　　　 셨는데요, 그렇다면 요즘 새로 생겨나는 직업은 어
　　　　　 떤가요? 요즘 정부에서 일자리 창출의 방편으로 새
　　　　　 로운 직업을 발굴하고 있잖아요.

감정연구소 　 현재 우리나라 직업 수는 1만1655개, 미국(3만654
　　　　　 개)의 3분의 1 수준이고, 일본(1만6433개)에 비해
　　　　　 서도 5,000개 가까이 적습니다.[6] 일자리 창출을 위
　　　　　 해서 정부에서는 새로운 직업을 만들어내는 데 많
　　　　　 은 지원을 하고 있죠. 하지만 새로 창출되는 일자리
　　　　　 대다수가 면대면 서비스를 제공하는 직업일 확률
　　　　　 이 높다고 추측되고 있습니다.[7]

---

6) 출처 : 직업사전 비교를 통한 국내외 직업구조분석–한,미,일 3국을 중심으로
7) 출처 : KRIVET Issue Brief, 2013, 26호

윤 대 리   서비스업이 대다수라면 감정노동이 더 높겠어요.

감정연구소   국민소득의 증가로 서비스적인 부분을 요구하는 고객 니즈가 높아진 탓이라고 봐도 되겠습니다. 요즘 어떤 직업을 봐도 하는 일이 다를 뿐이지 서비스를 제공하는 상대인 고객 서비스를 최상으로 유지하기 위해서 노력하지 않습니까?

예를 들어, 제가 종종 하는 휴대폰 게임만 봐도 그렇습니다. 휴대폰 게임은 예전의 게임이 아닙니다. 가끔이지만, 서버가 다운되는 일이라도 생기면 죄송하다는 공지와 함께 서버 다운에 대한 보상을 아이템으로 제공하기도 합니다.

윤 대 리   맞아요. 무료 게임인데도 불구하고, 서비스는 더할 나위 없이 만족스러워요.

감정연구소   제공되는 원 제품이 모두 다를 뿐이지 어떤 제품을 판매하더라도 서비스가 포함되게 되었죠. 조금 전 살펴봤던 감정노동이 높은 직업에 의사와 약사가 들어간 것도 마찬가지 이유입니다.

과거에는 전문적인 지식을 가진 의사와 약사가 전달하는 지식만으로 만족했다면, 현재는 좀 더 친절하고 친근하게 대하는 의사와 약사를 찾아갑니다. 물론, 전보다 병원과 약국의 수가 많아진 것도 이유

중 하나이지만요.

윤 대 리 저도 비슷한 경험이 있어요. 저희 동네에 극과 극의 의사 선생님이 계시거든요. 한 분은 번화가에 80평이 넘는 병원에서 혼자 계신 의사인데, 우리나라 최고 대학 의대 출신입니다. 그런데 그분은 환자를 쳐다보지 않고 컴퓨터 화면만 보고 말씀하세요. 그리고 증상을 말할 때 대충 얼버무리며 얘기하면 콕 집어서 다시 묻고, 또 되묻고 하는 것이 마치 죄인 조사하듯이 질문을 합니다.

또 한 분은 다른 병원에 3명의 의사 선생님 중 한 분이에요. 진료를 받으러 들어가면 손을 잡고 이야기하시죠. 위의 의사분은 처방해주는 일수대로 약을 받아 와야 하는데, 이분은 환자가 좀 더 약을 달라거나 며칠 있다가 다시 오고 싶은 눈치면 눈치 봐가면서 약을 조절해서 주십니다.

감정연구소 하하! 의사의 진료 스타일이 전혀 다르신데요. 그래서 극과 극이라는 것은 진료 스타일 뿐인가요?

윤 대 리 첫 번째 의사 선생님은 80평 건물이 휑할 정도로 환자가 드문드문 옵니다. 그런데 두 번째 의사 선생님은 같은 병원에 다른 의사가 2명이나 있는데도 1시간 넘게 대기해야만 진료가 가능할 정도로 환자가 많습니다. 물론 다른 의사 2명은 30분 내로 진료할 수 있고요.

감정연구소 　이러니 병원에서노 요즘은 의사, 간호사 할 것 없이 모두 CS 교육을 받습니다. 입장을 바꿔서 생각해보면, 병원이 한두 군데도 아니고 친절한 곳으로 가고 싶지 않겠습니까?

윤 대 리 　경제발전과 기관이나 전문가 수의 팽창이 직업을 서비스화시키고 있다는 생각이 드네요. 결국은 직업의 개수가 많아지면서 경쟁 구도로 접어들게 되고, 이것이 다른 곳과의 차별을 위해 서비스화되어 가고 있다는 말씀이신가요?

감정연구소 　왜 그렇지 않겠습니까? 편의점처럼 널린 것이 병원이고 약국인 것을요.

Case 4

감정노동의
법적인 보호

09

감정노동은
어떻게 이슈가 되었을까?

윤 대 리   질문이 하나 생겼습니다. 말씀하신 것으로 보면 사람을 대하는 모든 직업에서 감정노동이 발생할 수 있고, 자본주의가 강화한 것이지 자본주의가 만든 것은 아니라고 하셨습니다. 그렇다면 감정노동은 예전부터 있었다는 얘긴데, 왜 갑자기 논쟁거리가 된 거죠?

감정연구소   용어를 '감정노동'으로 사용해서 그렇지, 감정노동의 내면은 실상 인간의 심리적인 부분을 다루고 있습니다. 그러니까 직업이나 사회적인 상황 등으로 타인과의 감정교류가 차단된 상태에서 노동, 즉 경제활동이 진행되는 것을 의미한다고 생각하면 더 쉬울까요?

윤 대 리   감정교류가 차단된 상태에서의 노동이라고요?

감정연구소   그렇습니다. 1990년대 이후, 기업은 계속해서 과잉된 친절 경쟁을 보여왔죠. 우리나라에서 감정노동이 높은 수치로 나온 직업은 대부분 이 친절 경쟁에 포함된 직군에 속합니다. 예를 들면, 항공기 객실 승무원이나 고객센터 상담사 등 말이죠.

윤 대 리   10여 년 전에는 광고에서 'NCSI[8] 5년 연속 1위!' 이런 문구를 심심치 않게 봤던 것 같습니다.

감정연구소   그렇죠! 그때는 더 친절하면 더 좋은 기업이라고 인식될 시기였습니다. 기업의 과도한 친절 경쟁은 급기야 '고객은 왕이다!'라는 문구까지 내세우게끔 되었고, 빠른 경제개발을 목표로 달리기만 해왔던 우리 사회 일부의 덜 성숙한 시민의식은 블랙컨슈머를 등장시키기에 이르렀죠.

윤 대 리   하지만 대부분의 직업에서 서비스 노동을 떼어버릴 수 없는 지금 현재도 고객에 대한 서비스 수준은 계속해서 올라가고 있어요. 아울러 고객의 서비스 기대 수준도 함께 올라가고 있죠. 이쯤 되면 정말 고객은 왕 아닙니까?

감정연구소   제가 덜 성숙한 시민의식이라고 말한 것은 왕을 어

---

8) 국가고객만족도(national customer satisfaction index) : 고객이 평가한 만족 수준 정도를 계량화한 지표. 국내외에서 생산돼 국내 최종 소비자에게 판매된 제품과 서비스에 대해 고객이 평가한 만족의 정도를 측정해 계량화한 지표다. 미국의 ACSI(미국고객만족도)를 모델로 한 것이다. NCSI 최소 측정 단위는 개별 기업이 생산하는 제품 또는 제품군이며, 측정 결과는 기업별·산업별·경제부문별·국가별로 발표된다. 《시사상식사전》(박문각)

떻게 인식하느냐 하는 것에 대한 표현이었습니다. 세계사에는 이미 다양한 정권을 펼친 왕들이 있죠. 블랙컨슈머는 '고객은 왕이다'라는 문장에서 왕을 나폴레옹과 같은 군사독재의 왕으로 인식한 것 아닐까요? 그러니 '내 말은 곧 법이다!'라고 행동하는 거죠.

윤 대 리 　소장님의 말씀은 결국 기업이 블랙컨슈머를 양성시켰다는 거군요.

감정연구소 　기업이 아닌 기업의 욕심이 그렇게 만든 셈이죠. 다른 기업보다 나아 보이고 싶었던 과도한 친절에 대한 욕망이 블랙컨슈머와 극한의 감정노동자를 양성시킨 셈이라고 해도 과언이 아닙니다.

지금은 그렇지 않지만, 당시엔 고객센터 상담사에게 목소리를 솔톤으로 유지할 것을 강조했습니다.

윤 대 리 　한 고객센터에서 '사랑합니다, 고객님!'이라고 하는 인사말이 한때 개그맨 김영철 씨가 유행어로 만들 만큼 쟁점이 됐었죠.

감정연구소 　과유불급(過猶不及)! 넘치면 모자란 것만 못하다 했습니다. 요즘은 기업의 태도가 조금 달라진 것 같기도 합니다만…. 지속해서 감정노동을 일으키는 블랙컨슈머에게는 내용증명을 보내거나 소송을 제기하는 등 기업의 처신이 좀 더 적극적으로 변화

하고 있습니다. 하지만 앞으로 감정노동자를 보호
하는 방향으로 기업이 좀 더 노력을 기울일 필요가
있어 보입니다.

10
감정노동 법률
발의 및 통과

우리의 기존 노동법에는 감정노동에 대한 별개의 개념이나 구분이 없었다. 근로기준법 제2조 1항 3호에는 "근로란 정신노동과 육체노동을 말한다"고 규정되어 있었다. 그러나 산업재해의 하나로 감정노동을 인정해야 하며, 차별금지법 제정을 통해 정신적 괴롭힘을 일종의 차별행위로 인정할 필요가 있다는 목소리가 지속적으로 확대되었다.

이에 2015년 감정노동자를 위한 법안이 발의되었고, 금융관련 법률 5건(은행법, 보험업법, 상호저축은행법, 여신전문금융업법, 자본시장과 금융투자업에 관한 법률)과 근로기준법 등 '금융회사 감정노동자 보호법'이 국회 본회의를 통과했다. 개정안에 따르면 금융회사의 악성 민원인에 대해서 고발 등 법적 조치가 의무화되어 회사는 근로자가 해당 고객을 피할 수 있는 권리를 보장하도록 되어 있다. 이를 이행하지 않을 시 1000만 원 이하의 과태료가 부과된다.

윤 대 리   기업에서 블랙컨슈머에게 내용증명을 보내거나 소
         송을 제기한다고요?

감정연구소   지속해서 기업의 업무를 방해하거나 직원에게 사
         과를 강요하는 등의 과도한 감정노동을 일으킬 수
         있는 사항을 요구할 경우 처벌의 대상이 될 수도
         있다는 것입니다. 이미 금융권에서는 감정노동자
         보호법이 2016년 3월에 국회 본회의를 통과한 상태
         입니다.

윤 대 리   그렇군요. 감정노동에 대한 법적인 조치가 가능해
         졌다니 무엇보다 기쁜 소식이네요.

감정연구소   하지만 아직도 사후 약방문(死後 藥方文)에 그치고
         있어서 앞으로 가야 할 길이 멀어 보입니다.
         현재 통과된 법률은 금융권에 제한되어 있어 다른
         분야나 소규모 고객센터에는 적용되지 않습니다. 거
         기다 이미 블랙컨슈머에게 감정노동을 희생당한 뒤
         처벌에 관한 내용입니다. 감정노동에 대한 사전교
         육이나 방어할 수 있는 직원의 역량을 키우고, 감정
         노동이 발생하면 어떻게 조치를 해야 하는지에 대
         한 각 회사의 세부적인 매뉴얼이 필요할 것입니다.

윤 대 리   세부적인 매뉴얼이라면, 예를 들어주실 수 있을까
         요?

감정연구소   예를 들면, 고객센터에 근무하는 상담사가 감정노동 상황이 발생했을 경우를 가정해보지요.

상담사가 콜이 종료된 후, 바로 그다음 업무에 투입하게 두는 것은 감정노동 해소와 업무효율에 좋지 않습니다. 감정노동을 느꼈다면 다소 감정이 격양되어 있는 상태일 것이고, 그 상태에서 다른 고객과 통화를 계속해서 하게 되면 또 다른 고객의 불만을 일으킬 수 있는 소지가 있습니다. 이런 점은 회사나 상담사 자신에게 모두 득이 되는 상황은 아니죠.

감정노동 상황에 직면한 직원은 감정노동의 정도에 따라서 '휴식시간을 몇 분 준다.' 아니면 '심리상담사와 상담을 연결해준다.' 등의 세부적인 매뉴얼이 각 회사에 비치되어 있어야 한다는 것입니다.

윤 대 리   그렇죠. 모든 사원에게 동일하게 적용하는 것이 아니라, 흥분한 정도의 사원이라면 10분 이상의 휴식을 주고, 우는 사원 정도라면 심리상담사를 연결해주고 하는 식의 매뉴얼을 말씀하시는 거죠?

감정연구소   맞습니다. 세부적인 매뉴얼이 없다면, 관리자의 역량에 맡길 수밖에 없을 것입니다. 이렇게 되면, 관리자마다 다른 방안으로 처리하지 않을까요? 제가 관리자였을 때만 해도 실적을 중요하게 생각하는 관리자는 감정노동 상황에서도 휴식시간을 용납하지 않았습니다.

물론, 관리자의 역량대로 처리한 사안에 대해서 회사가 책임질 의사가 있다면 말이죠.

윤 대 리 감정노동자의 인권이 보호될 수 있도록 감정노동 발생 전, 그리고 감정노동이 발생한 시점의 세부 방침을 기업이 가지고 있어야겠군요.

감정연구소 그렇습니다. 그렇지 않고는 지금과 다른 것은 단지 블랙컨슈머를 처벌할 수 있는 방망이만 가진 셈이 되지요. 근본적으로 감정노동자를 배려할 수 있는 방향으로 좀 더 발전되어야 합니다.

11
유럽과 일본의
감정노동 관련 법률은?

감정노동 관련 법률의 해외사례를 살펴보자.

먼저, 유럽은 직장에서 받는 직무 스트레스를 직장 내 차별 행위로 간주하여 이를 법으로 처벌할 수 있다. 이러한 직무 스트레스를 제조업과 서비스업에 광범위하게 적용하고 있다. 유럽은 산업재해의 개념을 사고에서 질병으로 확대해가고 있는데, 특히 산업 안전 건강문제와 관련하여 구체적인 매뉴얼을 기업이 받아들이고 참고할 수 있도록 하고 있다.

일본의 경우, 기업이 적극적으로 노동자의 마음 건강을 유지하는 노력을 할 수 있도록 노동자의 정신적인 건강을 법률로 보호하고 있다. 1999년 노동안전위생법에 따라 사업자는 사업장에서 '노동자 마음 건강 유지 증진을 위한 지침서'를 따르도록 의무화되었다. 이 기준에 따라 발병의 원인이 된 작업을 했다고 인정되면 산재로 인정한다. 노동자가 자살이나 자해 등 심각한 정신적 피해를 받았을 경우 사용자에 대해 안전 배려 의무 등을 위반한 책임을 물을 수 있다.

윤 대 리   해외에서는 감정노동에 대해 법률적으로 어떻게 보호하고 있나요?

감정연구소   유럽과 일본의 경우, 이미 노동자의 마음과 직무 스트레스에 대한 건강유지의 책임이 기업에 있다는 것이 법률로 규정되어 있습니다. 노동자의 마음이 노동으로 인해 감정노동을 일으키지 않도록 주시하는 것이 기업의 책임이라는 것입니다.

윤 대 리   그렇군요. 노동자의 인권이 보호되고 있다는 느낌이 드네요.

감정연구소   바로 그겁니다. 블랙컨슈머에 대한 일침을 가하는 방향의 법률도 좋지만, 노동자의 기본적인 인권이 보호되는 방향으로 법률이 발의되어야 한다는 것입니다.

윤 대 리   우리나라에서는 아직 그런 움직임이 없나요?

감정연구소   2016년 6월 광주시의회에서 광주시 본청 및 산하 기관의 감정노동자 권리를 보호하는 조례안이 발의되었습니다. 조례안은 감정노동자의 정의와 적용 범위, 가이드라인, 감정노동자보호지원센터 설치 등의 내용을 담고 있습니다. 광주시장은 감정노동의 정신적 스트레스 예방 및 감정노동자 보호를 위해 3년마다 근로환경 개선계획을 수립·시행해야 한다고 언급했습니다.

윤 대 리 　앞에서 말씀하신 감정노동이 발생하기 전과 발생
한 시점의 처리방안에 대한 매뉴얼이 포함되어 있
네요. 이런 움직임은 매우 긍정적인데요. 우리나라
의 노동환경도 개선될 여지가 있군요.

감정연구소 　감정노동과 관련 있는 많은 분야의 전문가와 기업
의 노력이 필요할 것입니다.

12

감정노동에 대한
사회적 인식 개선이 필요하다

감정연구소 그리고 사회적인 인식의 변화도 필요하겠습니다. 현재는 감정노동에 대한 영화, 미디어가 대부분 비정규직, 고객의 갑질에 관한 내용에 집중되어 있습니다. 다시 말해 감정노동의 의미는 '긍정적 감정노동'에 국한되어 있으며, 대상은 서비스 노동자에 관한 내용으로 인식되고 있다는 것이죠. 광범위한 범위에서 감정노동에 대해 논의할 필요가 있습니다.

윤 대 리 감정노동의 광범위한 범위라면 어떤 것이 있을까요?

감정연구소 하나만 말씀드리면, 개인적인 차원의 문제로 여겨져왔던 감정에 대한 문제를 하나의 노동과정으로 새롭게 인식할 수 있어야 한다는 겁니다. 노동의 과정 중 감정노동이 발생한 부분에 대한 인지가 필요하다는 거죠.

윤 대 리 감정노동이 노동의 한 부분으로 인지되어야 한다는 것이 이해는 되지만, 참 새롭네요.

감정연구소   그렇죠. 빠른 경제성장에 초점이 맞추어졌던 우리 나라는 아직도 기업을 위해 사원의 희생을 강요하는 사례가 많습니다. 급여에 포함되지 않는 초과근무, 퇴근 후 집에서도 일하는 것은 물론, "연봉제는 너의 24시간이 내 것이라는 의미"라고 말하는 상사가 있는 사회죠. 일명 갑질이라는 것도 제가 경험한 바로는 고객의 갑질보다 실제로 갑·을 관계라고 표현되는 계약관계에서 더 심한 감정노동을 겪게 됩니다.

고객센터 아웃소싱 업체에서 근무할 당시, 계약 회사의 대리가 30대 후반의 미혼 여성이었죠. 계약 후, 고객센터 이전 작업을 하게 됐는데 우연히 결혼 시기와 맞물렸습니다. 신혼여행을 다녀온 저에게 자신은 이전 작업 때문에 결혼을 미뤘는데 왜 꼭 이 시기에 결혼해야만 했냐며 다그쳤죠. 당시 그 대리는 애인이 없었던 상황인데 말이죠.

윤 대 리   대단하군요. '미생'이라는 드라마에서 '오 과장'이 친구와의 계약을 위해 친구를 갑으로 대해야 하는 상황을 본 게 생각나네요. 왜 사람들은 '갑'이라는 상황으로 타인 위에 군림하려고 하는 걸까요?

감정연구소   그 대리가 하던 행동을 보면 알 수 있죠. 그 대리는 위에 부장님 한 분을 모시고 계셨는데, 마치 왕을 모시듯 했습니다. 한번은 상담사를 위해 파티를 준비했는데, 당일 저희 팀은 오후에 할 파티를 아침 다과를 하면서 회의를 하고 있었죠. 갑자기 나타난 그 대리가 작은 거 하나라도 먹으려면 자신이 모시는 부장님을 먼저 챙겨야 하는 것 아니냐며, 대체 이 회사는 어디까지 자신이 예절을 가르쳐야 하냐면서 화를 냈습니다. 그 대리의 말에 의하면, 다과 하나, 인사 하나도 우선순위로 보면 항상 부장님이 먼저라고 했죠. 저희 팀에 머리가 희끗희끗하신 상무님도 계셨는데 말이죠.

윤 대 리   나이가 많은 것도 아니고, 30대 후반인 여성이 그렇게 행동했다는 것은 좀 충격적이네요. 사회적 인식 변화는 시간이 많이 필요하겠어요.

감정연구소   우리에게도 시간이 필요해 보입니다. 벌써 시간이 이렇게나 흘렀군요. 점심식사 하신 뒤, 오후에 다시 한 번 이야기를 나누는 것은 어떻겠습니까?

윤 대 리   그럴까요? 마침 출출하던 참이에요.

Part 2

감정은
생존을 위해
필요하다

Case 5

감정이란
무엇인가?

13
감정은
감각에서
온다

　이번 파트에서는 '감정노동' 중 감정에 관해서 이야기를 나누어보려고 한다.

　감정(感情)이란, '어떤 상황에 대해 느끼는 상태'를 의미한다. 그 상황은 사람을 포함할 수도 있고 사건을 포함할 수도 있다. 감정에는 신체적 반응과 정서적 반응이 있을 수 있으며, 여러 가지 인지적인 상태를 포함할 수도 있다.

　그렇다면 감정은 어디에서 오는 것일까? 바쁜 현대사회에서 나의 감정을 위해 생각할 겨를조차 없는 우리 자신이 감정을 어떻게 느끼게 되는지 생각해본 적 있는가?

감정의 기능

▶ 감정은 인간의 생존에 지대한 영향을 미친다.

▶ 감정은 사회적인 의사소통의 중요한 형태이다.

▶ 감정은 삶의 만족에 있어서 중요한 부분이기도 하다.

▶ 감정이 없으면 우선순위를 정하기 힘들고, 선택도 잘
  못하게 된다.

윤 대 리   점심식사 맛있게 드셨어요? 감정노동에 대해서 얘
         기하다 보니 오전 시간이 금방 간 것 같네요.

감정연구소 하하! 그러셨나요? 윤 대리님도 맛있게 드셨나요?
         오전에 나눈 이야기가 지루하지 않으셨던 것 같아
         다행입니다. 오후에는 '감정노동'에서 '감정'을 따
         로 떼어보는 작업을 해보면 어떨까 합니다.
         감정노동은 감정과 노동이 합쳐진 단어지요. 그런
         데 감정노동에 관해서만 이야기하고 감정에 관한
         이야기는 없는 경우가 대부분입니다. 감정노동이
         문제가 된 것은 사람의 마음, 즉 감정의 문제인데
         말이죠.

윤 대 리   듣고 보니 정말 그렇네요. 점심시간 바로 전에 나눴
         던 갑질하던 그 대리의 이야기에서도 핵심 축은 감
         정이었네요.

감정연구소 감정은 인간과 세계의 접촉인 감각을 감지함으로
         써 나타나는 느낌입니다. 인간은 오감을 느낄 수 있
         죠. 지금도 윤 대리님은 저와 이야기하며 시각적으
         로 저의 외모를 보고 있고, 청각적으로 저의 이야기
         를 듣습니다. 그리고 후각이나 촉각적으로 현재 공
         기를 느낄 수 있고요. 미각적으로 느낄 수 있는 부
         분이 있다면 그것도 같이 느끼고 있겠죠. 이 모든

것을 합친 느낌이 바로 저에 대한 현재의 감정이라고 할 수 있겠네요.

윤 대 리   그런데 후각이니 촉각으로 공기를 느낀다는 말씀이 새롭습니다.

감정연구소   감정을 느끼는 대상에게 향기나 냄새가 난다면 그것이 후각을 더 자극할 겁니다. 하지만 특별히 느끼는 향기나 냄새가 없어도 우리는 후각과 촉각을 공기로 느낄 수 있습니다. 예를 들면, 더운 날씨에 에어컨을 틀고 있으면 차가운 공기를 느낄 수 있죠. 그리고 먼지가 많은 곳에 가면 공기를 마시며 먼지에 대한 촉각을 느낄 수 있습니다. 그 차가운 느낌과 더해져 감정의 대상자를 더 차갑게 느낄 수도 있고, 먼지에 대한 감각으로 감정의 대상에 대해 더 부정적인 감정을 갖게 될 수 있을 겁니다.

윤 대 리   그렇게 말씀하시니, 대학 때 하던 미팅이 생각나네요. 낯선 사람을 낯선 환경에서 만난 경우, 지인을 만나는 경우보다 오감을 더 많이 사용하는 것 같습니다. 상대의 목소리, 옷이나 머리 모양, 행동 등 본의 아니게 관찰을 하게 된다고 할까요?

감정연구소   그렇습니다. 우리는 낯선 사람, 낯선 환경 앞에서 나의 감각을 좀 더 예민하게 인지하려는 경향이 있습니다. 원인은 진화심리학 측면에서 보면 매우 간단합니다. '이 사람은 안전한가?', '이 환경은 안전한가?'에 대한 오감으로의 확인 작업입니다. 인간은 생존을 위해 오감을 사용해왔습니다. 그래서 원시시대에는 오감을 더 민감하게 감지하는 사람의 생존 확률이 더 높았겠죠. 하지만 현대를 살아가는 우리는 생존에 위협을 느끼며 사는 사람은 그리 많지 않죠.

윤 대 리 　적어도 한국 사회에서는 지금 당장 죽을 것 같은 상황에 놓인 사람은 보기 힘들죠.

감정연구소 　강의하면서 물어보면, 나의 감정도 제대로 인지하지 못한 채 살아가는 분이 꽤 많습니다. 가장 큰 원인을 저는 스마트폰으로 생각합니다만, 그 어떤 시간도 허락되지 않아 감정도 느끼기 힘든데, 하물며 감각이야 원시시대가 아닌 현대를 사는 우리에게 꼭 인지하고 있어야 할 것은 아니죠.

14
감각을
감지한다!

인간은 감각을 통해 세상과 접촉한다. 신경세포를 활성화하거나 자극하여 신경 처리를 시작하게 하는 에너지가 바로 감각(sensation)이다. 우리가 무언가를 보는 것은 눈에 있는 신경세포들이 빛의 파동에 의해 자극을 받아 뇌의 감각 처리 과정을 작동시키기 때문이다. 감각을 발생시키는 에너지에는 이 밖에도 소리의 진동이나 피부의 접촉, 냄새, 근육 활동과 중력의 당김 등이 있다.

인체에서 자극을 최초로 받아들이는 곳이 감각 수용체(receptor)이다. 시각, 미각, 청각 등의 수용체는 특수하게 변형된 상피세포이고, 후각과 피부 감각 수용체는 신경세포이다. 피부에는 신경섬유가 뻗어 나와 있다.

외부로부터 자극을 받으면 신경세포가 흥분되고, 소리, 빛, 압력 등과 같은 자극을 전기에너지로 바꾼다. 이를 감각 변환이라 한다. 수용체에서 전기에너지가 발생해 이것이 수용체에 연결된 다른 신경세포들을 순차적으로 흥분시키고, 뇌로 전달된다. 이 전기 신호가 뇌에 전달되어 처리되는 과정에서 지각(perception)이 발생하는 것이다. 지각이란 그 사물의 표상(representation)에 대한 뇌의 경험이라고 할 수 있다. 다시 말해 뇌에 표상된 지각은 그 지각을 일으킨 대상과 관련된 어떤 것일 뿐, 그 사물 자체는 아니다. 지각은 인간의 뇌에서 만들어진 것이다. [9]

감각의 유의어

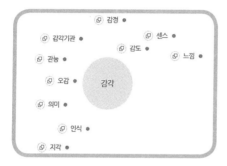

---

9) 출처 : 인간의 모든 감각, 최현석, 서해문집, 2009

윤 대 리 　하기야 원시시대엔 적이나 동물이 쳐들어올 수도 있으니, 청각이나 시각을 신경 써가며 생활했겠네요. 지금은 생명의 위협을 느끼며 살지 않으니 그런 감각을 날이 서게 느끼면서 사는 사람은 없겠어요.

감정연구소 　맞습니다. 우리에게 불필요한 감각은 퇴화하기 마련이죠. 무신경해진다고 할까요? 그러다 보니 자연스럽게 우리의 감정에 대한 인지도 낮아지는 것이 아닐까 합니다.

윤 대 리 　소장님과 이야기를 나누다 보니 감각, 감지, 감정, 느낌, 오감, 마음, 지각 모든 단어가 다 비슷비슷한 느낌입니다. 따로 떨어져 있는 느낌이 들지 않네요.

감정연구소 　하하! 말씀하신 내용이 맞습니다. 앞의 그림 〈감각의 유의어〉와 같이 말씀하신 모든 단어가 포함되어 있습니다. 모든 단어를 정의 내리고 구분할 필요는 없습니다. 우리의 감정은 이 그림에 나와 있는 모든 단어의 조합이라고 보시면 됩니다.

윤 대 리 　아! 이렇게 관련 어휘를 나열해보니 더 쉽게 다가오네요. 감사합니다.

15
감각의
감정화!

매일 우리는 오감을 통해 주변의 자극을 인지하며, 기존에 가지고 있는 가치관을 통해 판단하고 생각해 '감정'을 만들어 낸다. 그렇다면, 우리가 '어떤 상황에서 어떤 감정을 내야 하는가?'라는 판단의 기준은 어떻게 만들어질까?

진화심리학의 기준에서 보면 이러한 감정, 특히 '화'나 '분노'와 같은 극한의 감정을 만들어내는 상황은 위협을 받거나 공포를 느낄 수 있는 상황에 대한 학습의 결과물이다. 즉, 생명의 위협을 받거나 생존의 위태로움을 느낄 수 있는 상황의 대상을 학습해 그 대상을 다시 만나면 회피하거나 싸울 수 있는 태세를 갖추는 것이다.

이 관점에서 보면 '당연하다'라고 생각하는 상황조차 자라온 환경이나 속해 있는 조직에서 학습한 것이라고 볼 수 있다. 예를 들어, 어떤 상황에서 웃고 어떤 상황에서 화를 내는지에 대해서 우리는 배운 대로 행동한다는 것이다.

이런 감각에 대해 노출되는 감정의 학습은 개인적인 측면에서 본다면, 가족이나 친구와 같은 작은 집단에서 학습할 수 있다. 가정마다 감정을 처리하는 방식은 모두 다르다. 이것이 문제로 거론되는 것이 바로 결혼이라는 제도를 통한 두 집안의 통합과정이라고 할 수 있나. 그리고 이것을 국가적인 차원에서 보면 '문화'라고 할 수 있겠다.

윤 대 리　갑자기 궁금해지네요. 감각을 감지해서 감정을 느 낀다고 하셨는데, 동일한 감각으로 자극해도 사람 마다 반응이 천차만별이지 않습니까? 그건 동일한 감각에서 느끼는 감정이 사람마다 다르다는 의미 인 것 같은데, 이유가 뭔가요?

감정연구소　제가 앞에서 학습이라는 표현을 썼는데요. 말하자 면, 어떤 상황을 경험하고 그 이후에 비슷한 상황이 되면 그때의 경험을 떠올려 뇌에서 예상하는 결과 대로 반응합니다. 이것을 지각이라고 합니다.

예를 들어, 어떤 버섯을 먹고 배탈이 나서 고생했 다고 합시다. 그 사건을 경험한 이후에는 비슷한 버 섯만 봐도 건들지 않을 겁니다. 이전의 배탈 경험은 그것에 대한 놀람이나 혐오·경멸의 감정을 일으켜 회피하거나, 분노·화남의 감정을 일으켜 버섯을 갈 아엎거나 하는 존재를 파괴시키는 성향으로 행동 을 옮길 수도 있습니다.

이렇게 회피한다면 어떤 방법으로 회피할 것인지, 파괴한다면 어떤 방법으로 파괴키실 것인지에 대 한 것을 우리는 가정이나 사회의 문화에 따라 학습 하며 자란다는 겁니다.

윤 대 리　하지만 회피할 것인지 파괴할 것인지에 대한 반응이 사람마다 다른 것은 왜 그렇죠? 회피하는 것이 좋은지, 파괴하는 것이 좋은지에 대한 것도 지각을 통해서 이루어지나요?

감정연구소 김치를 예로 들어볼까요? 우리나라에서 김치만큼 다양한 재료와 맛을 내는 음식은 없을 겁니다. 똑같이 김치라고 불리지만, 크게는 지역별로 작게는 가정마다 넣는 재료와 맛이 다 제각각입니다. 그렇죠?

윤 대 리 네, 그런 것 같습니다. 같은 지역이지만, 옆집 김치와 우리 집 김치 맛이 전혀 다르니까요.

감정연구소 그런데 만드는 방법만 다른 것이 아닙니다. 어떤 집에서는 신 김치는 절대 먹지 않습니다. 이 가정에서 자란 아이는 신 김치는 먹지 못하는 음식으로 지각하겠죠. 그런데 신 김치만 먹는 집도 있습니다. 또 어떤 집은 김치를 생으로 먹지 않고, 김치찌개나 볶은 김치 등 조리해서만 먹는 집도 있습니다.

윤 대 리 저희 아버지도 신 김치는 안 드세요. 그래서 엄마가 신 김치는 상에 잘 안 올리시죠.

감정연구소 같은 김치지만, 서로 맛이 다르다는 것은 자극을 아주 세밀하지만 다르게 인식한다는 것을 의미합니다. 김치에 내가 좋아하는 굴, 오징어와 같은 첨가 재료를 넣는 것처럼 우리가 감각을 감지하는 것은 학습한 결과물에 내가 좋아하는 것을 첨가하기도 하겠죠.

정리하자면, 감각은 김치이고, 감지하는 것은 학습이나 지각한 결과라고 보시면 됩니다. 마지막으로 김치를 먹는 방법의 선호는 감정이라고 생각하면 이해하기 쉬우실 겁니다.

윤 대 리 저의 경우, 신 김치를 싫어하시는 아버지 때문에 어렸을 때부터 신 김치를 접할 기회가 별로 없었고 커서도 신 김치를 회피할 가능성이 다른 사람보다 더 크겠군요.

감정연구소 감정도 이렇게 표출하는 방식의 학습의 결과물입니다. 고객과 통화하다 보면, 정말 분노할 수밖에 없는 고객이 있기 마련입니다. 어떤 상담사는 분노의 감정을 혼자 삭히기도 하고, 어떤 상담사는 헤드셋을 집어던지고 나가기도 합니다. 그리고 어떤 상담사는 울음을 터트리죠.

윤 대 리 오전에 나눈 이야기 중 '부정적 감정노동'에서 신 팀장의 경우와 같은 이야기네요. 결국, 감각을 감지해서 감정으로 만드는 과정에서도 나에게 절대적 영향을 미치는 타인의 에너지가 포함되는군요.

감정연구소 같은 것 같지만, 조금 다른 이야기입니다. 신 팀장의 경우, 아버지의 해소되지 않은 감정노동이 성격 형성에 영향을 미친 경우입니다.

지금 말씀드린 신 김치의 경우는 감각을 감지하는 방법을 학습한 결과가 현재 내가 느끼는 감정이라는 말입니다. '이럴 때는 이렇게 반응하는 거야!'를 배운 결과가 지금 나의 자극을 감지하고 감정을 느끼는 과정을 결정지은 것이라는 말입니다.

윤 대 리   감각에 따라 어떤 감정을 내야 할지 결정하는 것에 내가 속해 있는 문화에서 이루어지는 학습이 가장 큰 영향을 미친다는 거죠?

감정연구소   바로 그겁니다. 하지만 우리는 지금 조직 내의 개인인 감정노동자에 관해서 이야기하고 있으니까 문화까지는 아니라 하더라도 개인이나 조직의 범주에서 이야기할 수 있겠습니다.

Case 6

인간의
7가지
기본감정

16
인간의
기본감정

인간은 진화하면서 생존을 위해 감정이 필요했다. 위험한 상황, 다급한 상황에서 어떻게 생각하고 행동하느냐에 따라 생존 여부가 달려 있었기 때문이다.

이러한 감정을 심리학에서는 인간의 기본감정으로 분류하고 있다. 기본감정에 대한 의견은 학자마다 약간의 차이는 있으나, 이 책에서는 7가지로 분류하고자 한다. 인간의 기본감정 7가지는 기쁨, 놀람, 슬픔, 혐오, 경멸, 화남, 분노다.

인간의 7가지 기본감정

감정연구소   감각을 감지하며 느낄 수 있는 인간의 감정을 심리학에서는 감정의 기본이 되는 기본감정으로 정의하고 있습니다. 그중 이 책에서는 '기쁨, 놀람, 슬픔, 혐오, 경멸, 화남, 분노' 이렇게 7가지로 분류했습니다. 이 7가지가 인간의 생존이나 의사소통에 기본이 되는 감정이라고 보시면 됩니다.

윤 대 리   아~ 그러고 보니, 애니메이션 '인사이드 아웃(Inside Out)'(2015)에서 나오는 기쁨이, 슬픔이, 버럭이, 까칠이, 소심이 캐릭터가 생각나네요. 인간의 감정에 대해 쉽고 재미있게 풀어냈던 영화로 기억에 많이 남더라고요.

감정연구소   하하! 그러셨군요. 맞습니다. 인간의 7가지 기본감정을 캐릭터화한 영화죠. 기쁨이는 기쁨, 슬픔이는 슬픔, 버럭이는 화남과 분노, 까칠이는 혐오와 경멸, 소심이는 놀람의 감정을 표현했죠.

윤 대 리   영화에서는 아이가 자라면서 소심이는 다치지 않게 조심조심하는 기능을 하고, 슬픔이는 자신의 강렬한 감정을 상대방에게 표현하더라고요. 까칠이는 자신만의 개성을 표현하면서도 낯선 것으로부터 방어를 해주고, 버럭이는 상대를 위협하거나 자신의 것을 지키고자 할 때 사용하는 감정으로 기억

됩니다.

감정연구소 　상세히 기억하고 계시네요. 슬픔이는 자신의 강렬한 감정을 표현하고 분출시키는 작용을 합니다. 하지만 영화 초반에 기쁨이는 슬픔이가 표출되지 못하도록 계속해서 억제하죠. 결국엔 주인공이 큰 일을 겪으면서 슬픔이가 갈등 해소의 큰 역할을 하게 되고, 기쁨이도 슬픔이를 감정의 하나로 인정하게 되는 이야기입니다.

　　　　이렇듯 인간은 기본감정을 가지고 태어나지만, 자라면서 감정은 기본감정에서 파생된 좀 더 세분화되고 복잡한 감정으로 발전되고 다양해지죠.

윤 대 리 　네! 마지막 장면에서 버럭이가 욕 자판이 커진 것을 보고 흐뭇해하던 것이 떠오르네요. 바로 옆에 있는 사춘기 버튼이 어떤 작용을 하는지 모른 채로 말이에요. 저의 사춘기 때가 생각나 한참을 웃었습니다.

감정연구소 　저도 마찬가지입니다. 제가 아는 욕 대부분은 사춘기 때 배웠으니까요. 어른들이 하지 말아라, 위험하다 하는 것을 대부분 이때 경험하죠. 지금 생각해도 너무 재미있던 때였어요.

윤 대 리 　맞아요. 이렇게 애니메이션으로 기본감정을 이야기하니까 어렵지 않게 이해되는 것 같습니다.

17

감각의 감정화!
감정노동 사례로….

"따르르릉!"

"안녕하십니까? 행복을 드리는 OO 텔레콤, 윤 대리입니다."

윤 대리는 오전 근무 중이다. 전화를 받자마자, 전산에 뜨는 고객 정보를 훑어본다. 조금 전 고객센터에 전화한 이력이 있는 고객이었다.

"야! 이렇게 더운데 누구 똥개 훈련하는 거야!"

받자마자 소리를 내지르는 고객은 전화를 받는 것이 잘 안된다며, '수신불가'로 상담한 이력이 여러 번 있었다.

내용은 이러했다. 무더위에 밖에서 일하는 고객은 얼굴에 땀이 항상 흥건했다. 오는 전화를 몇 번 받으면 전화기에 땀이 들어가서 바로 수신이 안 되는 상태가 되는 것이었다. 새것으로 교체해도 며칠뿐이었다.

전화 받는 것이 안 된다고 전화한 고객에게 기기 고장을 안 내한 상담사에게 화가 난 고객은 이내 욕설을 했다. 그러다, 상담사가 전화를 끊은 모양이었다.

"이렇게 더운 여름에 너는 시원한 데 앉아 있으니 살 만하냐? 이 XX야!"

고객의 욕설이 시작되었다.

흥분한 고객과는 반대로 윤 대리는 침착하게 응대하기 시작했다.

"고객님! 날씨도 더운데 많이 속상하셨겠네요. 말씀하신 것처럼 여러 번 전화하셨던 내용이 상세히 적혀 있습니다. 제가 바로 확인해 드릴게요!"

윤 대 리   전 이 고객의 욕이 욕으로 들리지 않았어요.

감정연구소   그럼 어떻게 들리던가요?

윤 대 리   무더위에 힘들게 일하는 고객의 아우성! 제가 감정
노동을 느꼈다기보다는 고객의 감정노동을 들어주
고 있는 느낌이었어요.

감정연구소   하하! 고객이 하는 욕설이 고객의 감정노동으로 들
렸다는 말씀이신가요? 이 정도면 득도하신 것 아닌
가요?

윤 대 리   요즘 같은 더위에 밖에서 얼마나 땀이 흐르면 전화
기가 고장이 다 나겠어요. 얼마나 더우면 폭염이라
고 표현하겠습니까? 생각만 해도 끔찍하네요. 하지
만, 그 전 상담원은 욕설로 들었던 듯합니다. 고객
이 끊기 전에 선 종료했음을 메모에 적어놓은 걸 보
니까요.

감정연구소   사례를 들어보니, 앞서 설명한 신 김치 에피소드가
이해되시나요?

윤 대 리   네! 신 김치요. 신 김치 볶아 먹으면 맛있는데요.

감정연구소   하하! 저도 공감합니다. 신 김치를 볶아 먹으면 신
김치가 아닌 볶은 김치가 되듯이 욕도 듣기에 따라
욕이 아닐 수도 있다는 것을 알고 계신가요?

윤 대 리   분명히 욕인데, 욕이 아닐 수도 있다고요? 그런 말

은 처음 듣는데요. 욕은 다 욕 아닌가요?

감정연구소 성희롱 방지 교육 받아보신 적 있으신가요?

윤 대 리 네! 성희롱은 상대방이 성희롱을 느끼면 성립되는 것 아닌가요?

감정연구소 맞습니다. 욕도 마찬가지입니다. 상대방이 '자신을 욕보였다'라는 느낌을 받았다면 욕설이 성립됩니다. 하지만 그렇지 않은 경우는 농욕[10]으로 범주화될 수 있으며, 더 넓게는 감탄사라고 보기도 합니다.

윤 대 리 종종 영화에서 욕쟁이 할머니가 나오는 장면에서 보게 되는 '빌어먹을', '우라질!' 이런 종류의 것도 욕과 감탄사의 범주를 왔다 갔다 하네요.

감정연구소 좋은 예시입니다. 그러므로, 고객이 같은 자극을 주었어도 어떤 사람은 그것을 감정노동으로 인식할 수 있고, 어떤 사람은 감정노동이 아닌 것으로 인식할 수 있다는 겁니다.

윤 대리님은 욕설하는 지금 고객은 괜찮다고 하셨어요. 오전에 법 조항에 근거해서 답변하라고 했던

---

10) 농욕 : 농으로 쓰이는 욕설로 익살 내지 기지와 상승하여 효능을 발휘한다. 민요의 일부, 탈춤, 판소리 등에 흔하게 또는 효과적으로 활용되는 농욕은 검정빛 해학(black humor)을 합출하면서 풍자가 되고 야유가 되기도 한다.

고객도 욕설을 했나요?

윤 대 리   아니요. 욕은 하지 않았어요.

김장연구소   그렇다면, 윤 대리님께서는 어떤 감각을 감지했을 때 감정노동을 느끼는지에 대해서 공통분모를 찾아볼 필요가 있겠네요.

먼저, 나의 최근 느낀 감정을 알아차리는 실습을 해보고 다시 얘기를 나누어볼까요? 최근 일주일 동안 느낀 나의 감정을 1분 동안 적어보는 겁니다. 다음 장에 지금부터 적어볼까요?

최근 일주일 동안 느낀 나의 감정을 1분 동안 적어보자.

감정연구소　시간이 다 되었습니다. 몇 개 적으셨어요?

윤 대 리　이거 생각보다 감정을 떠올린다는 게 쉽지 않군요.

감정연구소　하하! 그러셨나요? 내가 지금 느끼고 있는 감정을 나와 분리해 온전히 감정만을 생각해본다는 것이 낯설게 느껴지실 수도 있을 겁니다.

윤 대 리　감정을 나와 분리한다고요?

감정연구소　나의 몸과 마음은 하나인 것 같지만, 실은 하나가 아닙니다. 마음이 아프면 몸도 아프다는 말도 있습니다만, 실은 마음은 또 하나의 나의 개체나 다름없지요.

윤 대 리　마음이 또 다른 나의 개체라고 생각해본 적은 없는 것 같아요.

감정연구소　꼭 나와 분리가 필요하다고 말씀드리는 것은 아닙니다. 다만, 나의 마음이 아프면 '아! 네가 아프구나!' 혹은 기쁘다면 '네가 기쁘구나!'라고 알아차려주는 것은 감정노동 해소에도 매우 큰 도움이 되기 때문에 설명해드린 겁니다.

윤 대 리　그렇게 말씀하시니 이해가 좀 되네요. 전 제 마음이 느끼고 있는 것에 대해 거의 생각하지 않고 사는 것 같네요.

감정연구소　일주일 동안 느낀 감정은 어떤 감정이었는지 말씀해주실 수 있을까요?

윤 대 리   행복, 희열, 분노, 기쁨, 사랑 5개 적었네요.

감정연구소   단순히 느낀 감정만 이야기했을 뿐인데, 지난 일주
일 동안 어떻게 지내셨는지 느껴지네요. 1분 동안
적은 개수가 7개 이상이라면 나의 감정을 잘 알아
차리고 있다고 할 수 있겠습니다. 7개 이하를 적었
다면, 나의 감정에 좀 더 관심을 가져야 하는 상황
이라고 이해하시면 되겠습니다.

윤 대 리   그렇다면, 저는 조금 더 제 감정을 알아차리기 위해
분발해야겠군요. 하지만 막상 적으려고 하니 평소
생각해보지 않아서 그런지 감정에 대한 표현이 떠
오르지 않았어요. 그래서 좀 당황스러웠습니다.

감정연구소   하하! 그럴 수 있습니다. 내게 감정표현이 익숙하지
않다는 증거이기도 하죠. 강의에서 실습해보면, 실
제로 비슷한 표현만 반복적으로 나오는 경향이 없
지 않습니다. 우리나라처럼 감정에 대한 다양한 표
현이 많은 나라도 드문데 말입니다.

윤 대 리   다양한 감정표현을 한번 보고 지나가면 어떨까요?
이후에 나의 감정에 대해서 표현할 때를 대비해서요.

감정연구소   네~ 좋은 의견입니다.
다음의 〈긍정적 감정과 부정적 감정표현〉을 참고

하세요. 긍정적인 감정표현에는 '행복한', '안락한', '편안한', '뿌듯한', '환희에 찬', '자랑스러운', '평안한', '푸근한', '기쁜', '가슴 벅찬', '호감이 가는', '황홀한' 등의 표현이 있습니다. 부정적인 감정표현에는 '짜증 나는', '분개하는', '슬픈', '열 받는', '우울한', '침울한', '욱하는', '가슴이 찢어지는', '낙심하는', '성가신' 등의 표현이 있어요. 윤 대리님이 더 많은 표현을 나중에 더해주세요~

내 마음을 소중하게 생각하는 것은 몸을 소중하게 생각하는 것만큼 꼭 필요한 일입니다.

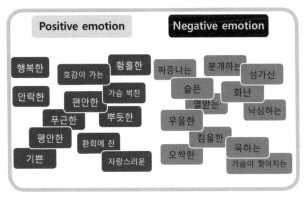

긍정적 감정과 부정적 감정표현

18

감각-감지-감정-감성의 4단계

이 책에서 다루고자 하는 과정은 감각-감지-감정-감성의 4단계의 큰 틀로 이루어져 있다. 일상에서 지나치고 간과할 수 있는 '오감에 대한 깨어나기'를 통해 '감각'을 감지한다. 그 감각을 통해 일어나는 '감정'을 알아차리며, 감정을 일으키는 생각들을 가만히 느껴보기도 하고, 감정을 내보기도 하며, 객관화시키는 작업을 진행한다. 그리고 마지막으로 나의 감정을 떠나보내며 감정을 감성화시키는 것으로 마무리된다.

이것이 감정노동해결연구소에서 진행하고 있는 '감정노동심리해결사' 자격증 과정의 요약이다. 〈감각-감지-감정-감성〉의 4단계는 감정노동 해소를 위한 이 책을 하나의 그림으로 표현한 것이다.

감정노동심리해결사는 한국직업능력개발원의 제2014-2674호 발급번호를 가진 민간자격증이다. 다음 장에 한국직업능력개발원의 민간자격등록증과 감정노동심리해결사 자격증 사본을 첨부하니 참고하자. 자세한 자격증 교육일정은 감정노동해결연구소의 홈페이지(www.elsi.kr)의 공개강좌 일정을 참고하면 된다.

감각-감지-감정-감성의 4단계

한국직업능력개발원 민간자격등록증

제 2014-2674 호

민 간 자 격 등 록 증

1. 등록자격관리자: 감정노동해결연구소

2. 사업자등록번호: 142-09-00613

3. 주소(소재지): 경기도 용인시 수지구 풍덕로 59

4. 대표자

   성명: 윤서영   생년월일:

   주소: 경기도 용인시 수지구 풍덕로 59

5. 자격의 종목 및 등급: 감정노동심리해결사, 단일등급

6. 자격의 검정기준·검정과목·검정방법·응시자격 또는 교육훈련과정의 교과목·교육기간·이수기준·평가기준·평가방법에 관한 사항: (민간자격 등록신청서 제출한 「민간자격의 관리·운영에 관한 규정」에 따름)

7. 등록에 따른 이행 조건:

   가. 등록한 자격과 관련하여 광고하는 경우 자격의 등록된 등록번호, 해당 민간자격관리기관, 그 밖에 소비자 보호를 위해서 대통령령으로 정하는 사항 등을 반드시 표시하여야 함.

   나. 등록한 자격에 대하여 허위 또는 과장 광고하는 등의 행위는 관련법령에 의거 처벌받을 수 있음.

   다. 등록한 자격을 폐지하고자 하는 경우 반드시 신고하여야 하며, 등록한 자격의 명칭, 등급, 검정내용을 변경하고자 하는 경우 변경등록을 신청하여야 함.

   「자격기본법」 제17조제2항과 같은 법 시행령 제23조제4항 및 제23조의2제2항에 따라 위와 같이 민간자격에 대하여 등록하였음을 증명합니다.

   2014년 06월 13일

한 국 직 업 능 력 개 발 원 장

관리번호 000088

감정노동심리해결사 자격증 사본

감정노동
해결연구소
Emotion Labor Solution Institute

Emotional Labor
Psychotherapy Controller

자 격 명 : 감정노동심리해결사
(한국직업능력개발원 제 2014-2674 호)
인증번호 : ELSI-01-12345
성   명 : 윤서영
생년월일 : 1978. 12. 06.

귀하는 감정노동해결연구소에서 주관하는
감정노동심리해결사 교육과정을 이수하였으
므로 이 증서를 드립니다.

2014년 11월 19일

감정노동해결연구소
대표 윤서영

Part 3

고객,
직장상사 보다
더한 것이
처가와 시댁이다

Case 7

일상에서
감정노동을
느낀다

19
감정노동은 고객보다
직장상사가 더 많이 일으킨다

미디어에 노출되고 쟁점이 되는 것은 대부분 고객에 의한 사건들이다. 하지만 아이러니하게도 감정노동해결연구소를 운영하며 수많은 감정노동 강의에서 고객보다 더 큰 감정노동을 일으키는 것으로 주목을 하는 대상은 다름 아닌 직장상사이다. 뉴스에서는 고객에게 무릎을 꿇고 욕을 먹어 자살 충동까지 느끼는 경우를 종종 보게 된다. 그러나 이는 매우 극단적인 사례이며, 우리가 쉽게 겪을 수 있는 일은 아니다. 주변에서 빈번하게 일어날 수 있는 소소한 감정노동은 오히려 직장상사와의 관계에서 발생할 수 있다. 국내를 들썩하게 만들었던 대한항공의 땅콩 회항 사건도 직장상사와의 감정노동이 아닌가?

직장에서 자주 일어나는 직장상사에 의한 감정노동!

러셀 혹실드가 최초에 감정노동을 정의하면서, 감정노동을 서비스 노동직에 국한한 것은 아니었다. 그녀의 또 다른 저서 《가족은 잘 지내나요?》(2016), 《돈 잘 버는 여자 밥 잘 하는 남자》(2001)의 제목에서 알 수 있듯이 사회적 고정관념에서 올 수 있는 다방면이 감정노동에 대해서 일깨우고 있다.

감정노동은 나의 실제 감정과 행동이 일치하지 않는 모든 상황을 통칭한다. 직장의 예를 들면, 앞에서 언급한 정 팀장의 사례와 같이 업무와 관련 없는 사항에 대해 암묵적으로 복종을 요구하는 경우다. 또 우리나라에서 가정 내 감정노동 중 가장 심각한 상황에 속하는 것이 시댁에 의한 감정노동이다. 시집온 며느리는 자신의 의견을 얘기해서는 안 되며, 시댁의 의견에 무조건 따라야 한다는 그릇된 사회의식이 심각한 감정노동을 유발하고 있다. 이런 것은 학교생활에서 선후배 관계나 스승과 제자 사이에서도 자주 일어나고 있다. 최근 뉴스에서 대학교수의 성추행이나 성폭행 사건이 계속해서 보도되고 있는 것도 여러 방면에서 감정노동이 발생하고 있음을 의미한다.

더 쉽게 표현하면, 동방예의지국(東邦禮義之國)을 강조했던 한국 사회에서 예의를 갖추어야 하는 모든 관계에서 감정노동은 발생할 수 있다. 한국 사회는 스승과 제자, 시어머니와 며느리, 직장상사와 사원 등의 관계에서 내가 아랫사람이라면 나의 감정, 생각을 이야기하는 것 자체가 예의에 어긋나는 일이라고 배운다.

프랑스에서는 직장 내 상사에게서 일어날 수 있는 감정노동에 대해 사회적·법적 용어로 '정신적 괴롭힘(harcelement moral)'으로 명명하고 이를 인정하고 있다. 프랑스 정신분석학자인 M. F. Hirigoyen은 1998년 출간된 자신의 저서에서 정신적 괴롭힘을 "어떤 자의 고용을 위태롭게 하거나 노동환경을 악화시키는 것을 목적으로 하고, 그자의 인격, 존엄 또는 신체적·정신적 완전성을 침해할 수 있는, 특히 행동, 말, 동작, 몸짓, 글 등으로 나타나는 모든 남용적인 행위"로 정의하였다. 정신적 괴롭힘은 2002년 1월 17일 제정된 사회현대화법률에 포함되어 법적으로 인정되어 독립적인 법적 규율의 대상이 되었다. [11]

다음의 〈정신적 괴롭힘의 원인 내지 목적〉에서 셋째 항목인 개인적 괴롭힘이 바로 필자가 언급하고자 하는 감정노동에 해당한다.

11) 출처 : 직장 내 괴롭힘과 프랑스 노동법, 조임영

정신적 괴롭힘의 원인 내지 목적

첫째, 전체 종업원에 대한 경영 전략의 성질을 띠는 제도적 괴롭힘이다.

둘째, 법정 해고 절차의 회피를 목적으로 구체적으로 지정된 한 명 또는 여러 명의 근로자들을 대상으로 기획되는 직업적 괴롭힘이다.

셋째, 아무런 동기 없이 오로지 타인을 파괴하거나 자신의 권력을 크게 보이려고 하는 목적으로 행해지는 개인적 괴롭힘이다.

윤 대 리 　전 고객에게서 느끼는 스트레스도 많지만, 직장상
　　　　　사로 인한 스트레스가 더 많다고 종종 느낍니다. 가
　　　　　뜩이나 피곤한데 회식이며 야유회며 연말 행사까
　　　　　지 무슨 행사가 그리도 많은지…. 참석하지 않으면
　　　　　위에 찍히고…. 눈치 보랴, 고객 비위 맞추랴, 사
　　　　　회생활이 이래서 더 힘든 것 같아요.

감정연구소 　그런 일이 생기면 윤 대리님은 주로 어떻게 행동하
　　　　　는 편인가요?

윤 대 리 　꼭 가야 하는 분위기면, 그냥 따르는 편입니다. 대
　　　　　신 주말엔 누워서 거의 일어나질 못해요. 직장에서
　　　　　쥐어짜듯 에너지를 모두 쓰고 나니 개인 생활은 거
　　　　　의 없다고 봐야죠.

감정연구소 　앞서 말씀해주셨던 갑사의 그 대리에 대한 일화가
　　　　　떠오르네요. 갑사에서 고객센터 이전 작업을 하는
　　　　　데, 결혼하면 되겠느냐고 했던…. 본인은 이전 작업
　　　　　을 위해서 결혼도 미루고 있다고 했죠. 이것은 대한
　　　　　항공 땅콩 회항 사건과 같은 맥락의 이야기입니다.
　　　　　또 연봉제인 사원에게 "너희들의 24시간은 내 것이
　　　　　다."라고 표현했던 상무님도 계셨다고 했죠. 모두
　　　　　다 같은 맥락 선상에 있습니다.

윤 대 리 　같은 맥락이라는 것은 무슨 의미인가요?

감정연구소   회사에서 지급하는 급여를 사원이 회사에 제공한 노동력의 대가로 보는 것이 아니라, '먹여 살린다'라는 의미, 즉 생존의 도구로 시급되는 식량의 의미로 해석하고 있는 것입니다.

윤 대 리   '먹여 살린다'는 의미로 해석한다고요?

감정연구소   네! 진화심리학적인 측면에서 설명해드리면, 원시시대부터 인간이 끝없이 고민해온 문제는 먹고 사는 문제였습니다. 현대사회를 살아가는 우리도 원시시대와는 방법적으로 많이 달라졌지만, 열심히 공부하고 경제활동을 하는 가장 근본적인 원인에 '생(生)', 즉 살아가는 문제가 포함되어 있지요.

윤 대 리   그렇긴 하죠. 하지만 요즘은 먹고 살기 위해서 사는 사람은 거의 없잖아요.

감정연구소   그렇죠. 살기 위해 먹는 시대는 지나갔죠. 그런데 먹고 살려는 방법으로 택한 직업을 무기로 삼고, 무기를 휘두르려고 하는 겁니다. 그 내면에는 '이 직장을 평탄하게 다니려면 내 말을 잘 들어야지!' 하는 생각이 내포되어 있는 거죠. 공과 사를 명확하게 구분할 수 있는 성숙한 사회인식을 만들어가야 합니다.

윤 대 리   공과 사를 구분한다고요?

감정연구소   어느 한국인이 독일계 회사에 취업했습니다. 회사에서 빠른 승진을 하고 싶었던 그는 매일 초과근무를 했다고 합니다. 어느 날, 상사가 그를 불렀습니다. 그는 '내가 열심히 일하는 것에 대해서 이제야 인정을 받게 되었구나!' 하는 기쁜 마음으로 상사에게 갔습니다. 상사는 그에게 뭐라고 했을까요?

윤 대 리 　보통 제가 다니는 직장에서는 '몸 생각하면서 천천히 일해라!'라고 상사가 격려의 말을 하죠. 말은 그렇게 하지만, 속 뜻은 '네가 열심히 일하고 있는 것을 내가 알고 있다.'는 의미 아니겠습니까?

감정연구소 　그 상사는 그에게 "퇴근 후의 시간은 너의 시간이다. 네가 자진해서 하는 초근으로 인해 우리의 개인적인 시간이 위협받고 있다. 가족과 함께할 수 있는 시간을 뺏기지 않게 협조해달라."라고 했답니다.

윤 대 리 　웁쓰! 정말 놀랍군요.

감정연구소 　이것이 공과 사를 구분하는 예입니다. 기업은 계약한 노동 시간 안에 사원의 노동력을 사용할 수 있으며, 그 이외의 시간 혹은 업무 외의 노동을 강요할 수 없습니다.

20

프랑스, 영국, 미국, 한국의
중산층 기준은?

◆ **각 나라별 중산층 기준**

나라	중산층 기준
미국	· 대졸 또는 대퇴 학력에 9만5천~14만 달러의 연봉을 받는 주택 소유자 · 사회적 약자를 돕거나 부정·부패에 저항하는 용기를 지닌 정의로운 사람
프랑스 (퐁피두 대통령)	· 외국어 구사 · 스포츠 활동 · 악기 연주 · 사회봉사 · 몇 가지 요리 가능 여부
영국 (옥스퍼드 대학)	· 강직한 신념과 주장 · 페어플레이 정신 · 불의와 불평등에 대한 의연한 대처 · 약자 보호와 강자에 강한 모습
한국 (경제연구단체, 2014)	· 월평균 소득 515만 원 중 341만 원을 생활비로 지출 · 평균 시가 3억 7천만 원인 34.9평 규모의 주택을 포함한 6억 6천만 원 정도의 순 자산을 가진 사람 · 한 달에 4차례 가족과의 외식

윤 대 리   우리나라에서는 부의 상당한 축적이 성공을 측정하는 기준으로 여겨지기도 하잖아요. 그렇다면, 다른 나라에서는 승진이나 연봉이 올라가는 것에 관심이 없나요?

감정연구소   돈을 싫어하는 사람이 있겠습니까? 다만, 삶의 기준이 조금씩 다른 것일 뿐입니다.

한때 인터넷을 달군 각 나라별 중산층의 기준만 봐도 알 수 있죠. 미국, 영국, 프랑스의 경우는 그 사람의 지식 수준과 삶의 질, 가치관 등 다양한 측면의 기준으로 그 나라의 수준을 대변하는 중산층을 정의하고 있습니다. 하지만 한국만 유독 아파트 평수와 같은 경제적인 기준을 강조하고 있죠.

윤 대 리   상대방의 부를 측정하려면 현재 사는 아파트의 평수를 보긴 하죠. 누가 결혼하면 몇 평 아파트에 신혼살림을 장만하는지가 가장 큰 관심거리이기도 하고요.

감정연구소   이런 가치관을 가진 상태에서 부의 이동이나 마찬가지인 돈을 상대방에게 주는 것이 권력, 즉 힘이라고 생각하는 것은 어쩌면 당연하겠죠. 그 힘을 낼 수 있는 대상자인 직원의 수가 기하급수적으로 많아진다면, 마치 왕이 된 듯한 느낌이 들 수도 있을 것입니다. 대한항공 부사장처럼요.

윤 대 리   이제 보니 돈에 감정이 들어가 있군요.

감정연구소   하하! 그렇게 되나요?

윤 대 리   돈에 감정을 빼고 이성만 있다면, 노동력의 대가라
         고 단순하게 생각할 수 있지 않겠어요?

감정연구소   그렇겠군요. 아주 명쾌한 답입니다.

21
대한민국 며느리의 99%가
시댁에 감정노동을 느낀다!

명절을 앞두면 뉴스에 나오는 단어가 있다. '명절 증후군' 이다. 명절 때문에 스트레스를 심하게 받아서 생기는 것으로 우리나라 고유의 문화에서 발생하는 일종의 문화 증후군 (culture-bound syndrome)이다. 이것은 사회문화적으로 볼 때 명절에 모든 일의 부담이 여성에게만 전가되는 현실이 중요한 원인이 된다. 하지만 육체적인 고통보다 더 심한 것은 정신적인 고통이다.

대한민국 며느리의 99%가 시댁에 대한 감정노동을 느낀다고 해도 과언이 아닐 것이다. 한 연구 결과에 따르면, 아이 없이 남편 및 시부모와 사는 여성은 남편과 단둘이 사는 여성에 비해 심장마비가 나타날 확률이 3배나 높았다고 한다. [12]

누구나 사는 문화와 가치관이 다른 상태로 남자와 여자가 만나 결혼하게 된다. 그런데도, 시댁의 감정노동은 '며느리는

---

12) 출처 : 헤럴드경제, 2008.12.17

무조건 시대 문화를 따라야 한다.'고 강요하는 사회적 구조에서 비롯된다.

명절 증후군

대한민국에서 명절을 보내면서 생기는 스트레스로 인해 발생하는 정신적, 육체적인 현상을 말한다.

실제 병은 아니며 심한 부담감과 피로감이라는 증상이 있다. 여성의 경우 명절에 필요한 음식 장만 및 뒤처리와 같은 가사 업무로 인한 스트레스가 가장 큰 원인이 되며, 남성의 경우 명절 동안 장거리 운전을 하면서 발생하는 운전자의 피로와 장시간 차량에 탑승하면서 발생하는 멀미, 정신적 스트레스까지도 포함된다. 직장인의 경우 기존 일상생활과 다른 긴 연휴로 인해 생체 리듬이 깨진 것도 원인이 될 수 있다.

출처 : 위키백과

윤 대 리   감정노동은 나의 감정과 다른 행동을 해야 하는 모든 상황에 적용될 수 있다고 하셨죠? 그렇다면, 일상생활에서 가장 격하게 나타날 수 있는 감정노동에 시월드를 빼놓을 수 없겠네요. 오죽하면 '사랑과 전쟁' 드라마 수백 편의 대부분의 이야기에서 시댁이 빠지지 않겠습니까?

감정연구소   하하! '사랑과 전쟁'은 시청률을 위해 약간의 과장이 포함되어 있기도 합니다.

내가 해야 하는 역할을 강요받는 상황에서는 감정노동을 느낄 수 있습니다. 그런데 우리나라에서는 결혼하면 시댁 문화를 따라야 한다고 강요받는 문화였습니다. 급격한 경제발전으로 교육 수준이 올라갔고, 현 시대의 시어머니와 며느리의 높은 학력 차이와 맞벌이 문화 등의 문화 차이가 세대를 더 갈라놓고 있습니다.

윤 대 리   주변에 맞벌이하는 동료들이 많은데, 맞벌이의 경우 자녀 양육의 문제도 있어서 더 난감한 상황이 많은 듯합니다.

감정연구소   심리학에서 생활사건으로 스트레스 지수를 측정하는 지표가 있습니다. 200점 이상일 경우 신체질병이 생길 가능성이 크다고, 대한신경정신의학회에서 스트레스를 해소할 것을 권장하고 있습니다. 생활지표에서 유산한 경우의 스트레스 점수가 38점인데, 시댁/처가/친정과의 갈등이 있을 경우는 34점입니다. 가족의 병환이 36점인 것을 고려하면 상당히 높은 수준의 스트레스에 노출될 수 있는 여지가 있다는 겁니다.

윤 대 리 아직 미혼인 저는 이해가 잘 안 되네요. 시대가 바뀌었는데, 왜 시댁 문화는 변하지 않는 거죠?

감정연구소 시대가 많이 변했기 때문에 갈등이 더 심화되는 겁니다. 말 그대로 시집살이를 하고 살았던 세대가 지금의 시어머니 세대 아닙니까? 그때는 일찍 결혼해서 애 낳고 살면서 시부모님을 모시는 것이 의례적이었던 시대입니다.

그런데 지금은 어떻습니까? 일단 결혼 적령기가 10년 이상 늦춰졌습니다. 늦은 나이에 맞벌이하랴, 애 키우랴, 공부하랴, 힘든 사회를 살아가고 있는 것이 현재 며느리 세대입니다. 집에서 살림만 하던 시어머니가 나이 들어 일하면서 공부하면서 애 키우는 며느리의 심정을 알겠습니까?

윤 대 리 어떻게 보면, 빠른 경제성장이 세대 간의 골을 더 깊게 만든 거나 다름없네요. 이렇게 다른 세대를 살았는데 말이 통하면 그게 더 이상한 거라고 볼 수도 있겠어요.

감정연구소 문제는 해결되지 않는 시댁과의 갈등에 의해 며느리와 시댁 사이가 더 멀어지고 있다는 겁니다. 한 조사에서 기혼 직장인의 상당수가 본가 식구들보다 처가 식구들을 더 자주 만나는 것으로 나타났습니다. 처가 식구를 더 자주 만난다는 직장인이 40.2%, 시댁 식구들을 더 자주 만난다는 직장인이 30.3%로 약 10%의 차이를 보였습니다. [13]

이뿐 아니라 초등학생을 대상으로 한 조사에서 고모보다 이모를 만나는 횟수가 더 많았다는 것 등, 최근 조사 자료에서는 시댁보다 처가와의 왕래가 더 잦은 것으로 조사되고 있습니다.

윤 대 리 실제 시댁이 '사랑과 전쟁' 드라마에서 보이는 수준이 아니라면, 대체 어느 정도이길래 시댁에 가는 것을 꺼리는 건가요?

감정연구소 감정노동을 해소하며 만난 사례를 말씀드려보겠습니다. 강의를 들으러 오신 분은 이미 나이가 40대

---

13) 출처 : 잡코리아, 기혼 직장인 대상 '시월드 vs 처월드 인식' 조사

중반이고 슬하에 딸이 둘 있다고 하셨습니다.

그런데도 아들을 출산할 것을 강요하는 시아버지에 관한 사례입니다. 시아버지는 아들을 낳지 못할 경우 죽어서 조상을 볼 면목이 없으니 자식의 연을 끊자고 했고, 아들을 낳지 못한 자신 때문에 남편이 부모님과 사이가 좋지 못한 것 같아 마음이 아프다고 하셨죠.

윤 대 리 이 사례도 '사랑과 전쟁'이네요. 실제로 이런 일이 일어나는군요. 요즘은 아들, 딸 구분하지 않는 것이 대세 아닌가요?

감정연구소 며칠 전 TV에서 어떤 강사가 바나나 이야기를 하더라고요. 예전엔 바나나 하나를 구경하기가 힘들었는데, 지금은 내가 마음만 먹으면 방안 가득 바나나를 채울 수 있는 시대를 살아가고 있다고요. 즉, 사는 방식이나 받을 수 있는 혜택이 너무나도 많이 달라졌습니다.

조금 전 윤 대리님의 말씀은 현재의 20~30대 사고입니다. 60~70대는 대가 끊어지면 인간으로서의 도리를 다하지 못한 것으로 알며 살아온 세대죠.

윤 대 리 그렇죠. 흔히, 고무신 세대부터 운동화 세대까지 겪은 세계 유일의 나라라고 하죠. 그러니 이런 세대차

이를 어떻게 극복해야 하나요? 방법이 있나요?

감정연구소 무엇이든지 중간이 필요합니다. 그리고 그 중간은 현명한 방법이 되어야겠죠. 이야기를 나누면서 현명한 방법을 찾아보자고요.

Part 4

나를
찾아 떠나는
여행

Case 8

나의
감정
이해하기

22
뇌의
감정조절 기능

우리 뇌는 뇌간, 변연계, 전두엽으로 이루어져 있다.

뇌간은 생명유지와 관련된 기능을 주로 맡고 있다. 파충류의 뇌와 비슷한 일을 한다고 하여 '파충류의 뇌'라고 부른다.

변연계는 우리의 감정을 주관하는 부분이다. '포유류의 뇌'라고도 불리는데, 우리가 강아지와 감정교류를 하고 많은 포유류 동물들이 감정표현을 한다는 점에서 이를 이해할 수 있다.

끝으로 전두엽은 이성적인 판단을 하고, 감정에 의한 충동을 조절하는 부분이다. 인간만이 가지고 있다고 해서 '인간의 뇌'라고 불린다. [14]

14) 출처 : 청소년 감정코칭, 최성애, 조벽, 해냄, 2012

뇌의 기능

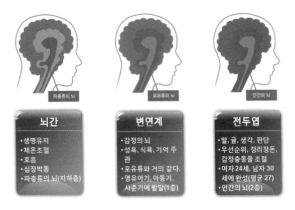

뇌간	변연계	전두엽
•생명유지 •체온조절 •호흡 •심장박동 •파충류의뇌(지하층)	•감정의 뇌 •성욕, 식욕, 기억 주관 •포유류와 거의 같다. •영유아기, 아동기, 사춘기에 발달(1층)	•말, 글, 생각, 판단 •우선순위, 정리정돈, 감정충동을 조절 •여자 24세, 남자 30 세에 완성(평균 27) •인간의 뇌(2층)

감정의 두 가지 경로[15]

감정이 전달되는 데는 두 가지 경로가 있다. 시상(변연계의 일부로, 정보의 많은 부분이 모이는 부위)은 독립적인 두 개의 신경 통로로 정보를 보낸다. 하나는 전두엽을 통해서 편도체로 가는 '윗길'이고, 또 하나는 정보가 곧바로 편도체로 가는 '아랫길'이다. 전자는 전두엽을 거쳐서 자극(정보)을 분석하고 평가하고 판단하기 때문에 시간이 더 걸리며, 후자는 보

---

15) 출처 : 청소년 감정코칭, 최성애, 조벽, 해냄, 2012

다 즉각적이다. 즉 자극에 따라 곧바로 공격-도피 반응을 일
으키게 된다. 정보가 어떤 경로로 전달되는가는 감정적 기억
의 유무에 달려 있다.

감정연구소 　감정노동에 대해서 충분히 이야기를 나눈 것 같습니다. 윤 대리님이 어느 정도 감정노동에 대해서 이해하신 것 같으니, 이제 본격적으로 감정노동 해소에 관한 얘기를 해보도록 할까요?

윤 대 리 　네! 기대해도 되는 겁니까? 제 감정노동을 해소할 수 있겠죠?

감정연구소 　하하! 감정노동은 누가 해소해주는 것이 아닙니다. 자신이 해소하는 것이죠. 보통 강의에서 제가 감정노동을 해소해줄 것으로 기대하는 분이 종종 있습니다. 윤 대리님의 감정은 제 것입니까, 윤 대리님 것입니까?

윤 대 리 　제 감정은 제 것이지요.

감정연구소 　그렇죠. 윤 대리님의 감정은 윤 대리님만이 조절할 수 있습니다. 누구도 대신해줄 수 없죠. 다만 저는 방법적인 부분을 알려드릴 뿐입니다. 적극적으로 해소하고자 하는 의지가 있는 경우와 그렇지 않은 경우는 결과적으로 많은 차이를 보입니다.

윤 대 리 　저는 지금 감정노동 해소가 무엇보다 필요합니다. 의지가 보이시나요?

감정연구소 　당연히 보입니다. 장염으로 고생하고 계시니, 지금 누구보다 마음의 평화가 필요하시겠죠. 이 책을 읽으시는 분의 마음도 같았으면 하는 희망입니다.

윤 대 리 제가 주문을 외워드리겠습니다.

와리와리 수리수리 마수리!

김정연구소 하하! 윤 대리님의 감각은 따라갈 수가 없네요. 감사합니다. 모두 감정노동을 해소할 마음의 준비가 되었으니 시작해보도록 하겠습니다.

먼저, 인간은 감정을 느끼는 두 가지의 경로를 가지고 있습니다. 하나는 전두엽을 통해서 편도체로 가는 '윗길', 그리고 곧바로 편도체로 가는 '아랫길'입니다. 윗길은 전두엽을 통해 판단하고 감정을 표현하는 것이고, 아랫길은 과거의 경험이나 본능에 따라 바로 행동으로 옮기는 것입니다. 감정노동은 주로 아랫길을 통한 분노로 표출되는 사례가 많습니다.

윤 대 리 과거의 경험이나 본능에 따라 행동으로 옮기는 것이 아랫길인데, 감정노동이 아랫길을 통하는 사례가 많다면 전두엽의 판단 없이 분노하는 경우가 많다는 거예요?

감정연구소 대부분은 아랫길에 속한다고 말씀드리는 겁니다. 윤 대리님의 경우, 감정노동이 발생하는 고객을 쭉 나열해놓고 공통점을 찾아보시면 비슷한 유형의 고객에게만 분노를 느끼고 있다는 것을 알 수 있을 겁니다. 윤 대리님이 지금까지의 불만 고객 중 감정노동을 일으켰던 사례를 한번 말씀해주시겠습니까?

윤 대 리 제일 처음 법 조항에 근거하시 답하라고 했던 고객이 있었고요. 다음 고객은 1시간 반이나 요금제에 대해서 근본적으로 틀렸다면서 설교한 교수님이 계셨어요. 그리고… 갑자기 물어보셔서 더는 생각이 안 나는데요.

감정연구소 생각이 나지 않는다는 것은 내 마음속에서 이미 지워졌다는 것을 의미하죠. 법 조항 고객과 교수 고객은 어떤 공통점이 있습니까?

윤 대 리 조곤조곤 끝도 없이 따지고 말하는 성향이 같긴 하네요. 그리고 제 말은 잘 듣지 않았어요. 귀담아듣지 않고 자신의 다음 질문을 생각하고 있는 것 같은 느낌이랄까요. 정말 벽에 대고 말하는 느낌이었어요.

감정연구소 한 정신과 의사는 트라우마를 8가지 상황으로 나누어 각각의 마음의 상처를 극복하고 치유하는 방법을 제시했습니다. 굴욕, 무시, 배신, 억울함, 공포, 간섭과 통제, 따돌림, 냉담의 8가지 중 트라우마가 된 자신의 밑마음에는 무엇이 있는지 들여다보는 과정이 필요하죠.

윤 대리님도 한번 자신의 밑마음을 들여다보세요.

어떤 감정이 감정노동을 일으켰을지…. 또, 욕하는 고객에게는 왜 감정노동을 느끼지 않았는지 생각해보는 시간을 가져보세요.

윤 대 리 말씀하신 8가지 상황에서 꼽으라면, 법 조항 고객과 교수 고객은 둘 다 저에게 '무시'의 메시지를 줬네요. 이렇게 생각해보니, 공통점이 있군요. 이건 우연이 아닐까요?

감정연구소 말씀하신 것처럼 우연일 수도 그렇지 않을 수도 있습니다. 앞서서 감정의 경로에는 두 가지 길이 있다고 설명했습니다. 이해를 위해 예를 들어보죠.

윤 대리님이 남자친구와 데이트를 하는 중이라고 가정해봅시다. 남자친구가 대리님 앞에서 방귀를 뀝니다. 처음에는 많은 생각을 하겠죠. 그러니까, 감정의 윗길을 통하는 경우입니다. '실수했나?', '모른척할까?' 혹은 '처음이니까 봐준다' 등 다양한 생각과 반응이 있을 거라 생각됩니다. 그런데 며칠 뒤 남자친구가 데이트 도중에 방귀를 또 뀝니다. 이때에는 이미 경험이 있기 때문에 감정의 두 경로 중 어떤 것을 통해서 감정표현을 할 것인가 자신이 정할 수 있습니다.

윤 대 리 이런 상황에서 버럭 화를 내는 것은 '아랫길'을 통하는 거군요.

감정연구소   맞습니다. "내가 지난번에 '나는 이런 행동이 싫다'고 너한테 말했잖아!" 이렇게 되는 거죠! 더 극단적인 상황을 만들자면, 일어나서 식당을 나가버릴 수도 있겠네요.

감정은 학습의 결과이기도 하다고 말씀드렸습니다. 평소 내가 트라우마로 가지고 있던 코드가 고객의 성향에 따라 나에게 감정노동을 일으킬 수 있는 촉으로 변할 수 있는 겁니다. 윤 대리님의 경우, '무시'라는 촉이 감정에서 '분노'로 연결될 수 있는 촉일지도 모릅니다.

윤 대 리   그러고 보니, 고객센터 들어와서 처음으로 눈물 보인 고객이 "학교 다닐 때 공부 못하던 것들이 꼭 너 같은 일 한다."고 말한 고객이었습니다. 이상하게 욕하는 고객은 화가 나지 않는데, 이런 고객은 욱하는 감정이 들더라고요.

감정연구소   욕설로 일관하는 고객은 어떻습니까? 왜 그런 고객은 윤 대리님께 감정노동을 일으키지 않는 걸까요? 생각해보신 적 있으세요?

윤 대 리   글쎄요. 사람은 자신의 수준에 맞게 말하고 행동하잖아요. 그런 고객은 '수준이 이거밖에 안 되니 할 수 없지!'라는 생각을 한 적은 있어요.

감정연구소 마찬가지로 욕설하는 고객에겐 윤 대리님이 '무시'
라는 감정적 에너지를 던지고 계시네요.

윤 대 리 이거 갑자기 소름 돋는데요.

감정연구소 무시의 상처엔 어떤 심리가 있을까요? 나의 가치를
인정받지 못할 때 우리는 무시당한다고 생각하죠.

윤 대 리 인정받고 싶어 하는 욕구 때문이라는 건가요?

감정연구소 맞습니다. 인정받고 싶은 욕구를 좌절시키는 사람
에게만 감정노동을 느끼는 경향이 있다고 볼 수 있
습니다. 반대로, 인정할 필요가 없는 상대에 대해서
는 마찬가지로 무시의 메시지를 보내는 거죠. 이것
이 윤 대리님이 의식하지 못하는 상태에서 무의식
적으로 반복되고 있는 겁니다.

윤 대 리 트라우마도 방어기제와 마찬가지로 굴욕, 무시, 배
신, 억울함, 공포, 간섭과 통제, 따돌림, 냉담 중 내
가 어떤 것을 주로 사용하는지 생각해봐야겠군요.

감정연구소 사람의 성향에 따라 행동은 모두 다릅니다. 그런데
만약 나의 성향에 따라 내 행동의 방향이 반복적으
로 같은 곳을 향한다면, 그것을 알아차릴 필요가 있
겠지요.

23

나의 기본감정
알아차리기
(에니어그램을 통해서)

감정연구소 이번에는 나의 행동 방향이 어떤 쪽으로 반복되고
있는지에 대해 알아보기 위해 에니어그램이라는
성격 진단지로 윤 대리님의 성격을 진단해보고자
합니다.

윤 대 리 에니어그램은 들어본 적 있긴 합니다. 그런데 많은
성격 진단지가 있는데, 에니어그램을 사용하시는
특별한 이유라도 있나요?

감정연구소 그렇죠. DISC나 MBTI와 같은 다양한 프로그램이
있습니다. 그중 제가 에니어그램을 선택한 이유는,
최근의 성격 진단지 가운데 가장 대중적인 진단지
이기도 합니다만, 또 다른 이유가 있습니다. DISC
나 MBTI 같은 경우, 성격 진단지의 결과에 따라 이
사람의 성격은 이럴 것이라고 단정 짓습니다. 하지
만 에니어그램은 다릅니다.

윤 대 리 어떤 것이 다른가요?

그림 〈에니어그램의 성격유형〉과 같이 에니어그램은 성격 유형을 9가지로 분류합니다. 1번부터 9번까지 9개의 성격이 있죠. 그 각각의 성격은 양쪽에 날개를 가지고 있습니다. 예를 들어, 1번 유형은 양쪽 옆에 9번과 2번의 날개를 가지고 있습니다. 2번 유형은 바로 옆의 유형인 1번과 3번 유형의 날개를 가지고 있습니다. 이 날개와 성장 방향에 따라 심리적으로 건강할 때와 건강하지 못할 때의 성격이나 성향이 다를 수 있다고 가정하고 있습니다.

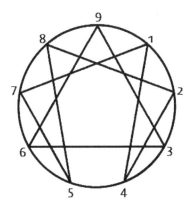

에니어그램의 성격 유형

윤 대 리　심리적으로 건강할 때와 그렇지 못할 때는 같은 사람이라도 행동이 달라질 수 있죠. 저부터도 기분 나쁘면 삐뚤어지게 행동하는 때도 있으니까요.

감정연구소　누구나 그럴 수 있습니다. 감정노동의 결과로 얻을 수 있는 우울증이나 트라우마를 겪으며 심리적으로 아플 때도 마찬가지겠죠. 에니어그램은 날개 이외에도 각 유형의 성장 방향이 있습니다. 이 성장 방향에 따라 성장 방향에 있는 번호의 성향도 나타날 수 있다고 가정합니다. 윤 대리님은 학창시절과 사회생활을 하는 지금 성격이 같다고 보시나요?

윤 대 리　아니요. 저는 다른 사람 앞에서 한마디도 못하는 성격이었는데, 지금은 상담사 교육을 하고 있으니까요. 정말 학창시절엔 상상도 할 수 없는 일이었죠.

감정연구소　성격은 유전적인 요인과 문화적인 요인이 작용하여 형성됩니다. 에니어그램에서 성격은 태어나면서 형성되어 변하지 않는다고 가정하죠. 다만, 윤 대리님과 같이 성장하면서 환경에 따라 다른 성향을 보이는 것은 앞서 말씀드린 양쪽 날개 중 어느 쪽 날개가 성장하는지, 혹은 성장 방향이나 퇴행 방향으로 나아가고 있는지에 따라 다르다고 보고 있습니다. 날개나 성장 방향까지는 이 책에서 다루기 어려워 보이니 관심 있으시면 《에니어그램의 지혜, 돈 리처드 리소, 러스 허드슨》(2015, 한문화)를 참고하시기 바랍니다. 그럼, 진단을 시작해볼까요?

윤 대 리 제 마음은 이미 진단을 시작했습니다. 어떻게 하면 될까요?

감정연구소 에니어그램 진단지는 여러 종류가 있습니다. 유료 진단지의 경우, 진단하는 데만 1시간 정도 소요됩니다. 이 책에서는 간단히 진단할 수 있는 리소-허드슨 테스트로 진행하려고 합니다. 5분 정도 소요되며, 아래 지시사항을 꼭 숙지하고 진행해주셔야 합니다. 보통의 경우, 사회생활을 하면서 성격이 변했다고 하는 분이 종종 있습니다. 윤 대리님도 그렇다고 하셨죠? 진단지를 작성할 때는 현재의 내가 아닌 중·고등학교 시절의 나를 떠올리며 진행해주시면 좀 더 정확한 결과를 얻을 수 있습니다.

윤 대 리 그렇다면, 지금의 내가 아닌 학창시절의 내가 진짜 나인 건가요?

감정연구소 지금의 나도 나이고, 학창시절의 나도 나죠. 다만 에니어그램을 설명하며 말씀드렸듯이, 나는 시간이 지나고 많은 경험을 통해 계속해서 성장하거나 퇴행하고 있는 겁니다. '성장이냐?', '퇴행이냐?',

'어느 쪽 날개를 펼쳤느냐?'에 따라 지금의 내가 달라지는 것뿐입니다.

윤 대 리   알겠습니다. 나이 중 고등학교 시절을 떠올려보죠. 쉽진 않겠지만요.

감정연구소   자! 진단지에 관해서 설명하겠습니다.

그룹 I 의 A, B, C와 그룹 II 의 X, Y, Z에 각각의 문장을 읽어보시고 나의 성향에 맞다고 생각되는 문장 옆 선택란에 동그라미를 그리세요. 모든 문장을 읽으신 후 A, B, C 중 동그라미가 가장 많은 것 하나, X, Y, Z 중 동그라미가 가장 많은 것 하나를 선택해주시면 됩니다. 마지막으로 선택한 두 영문을 합쳐서 〈진단결과〉란에 적어주시면 됩니다. 그럼, 시작해볼까요?

에니어그램 [Enneagram]

사람들이 느끼고 생각하고 행동하는 유형을 9가지로 분류할 수 있으며 이 중 하나의 유형을 타고난다고 설명하는 행동과학이다. '에니어그램(Enneagram)'이란 말은 그리스어의 '아홉(ennea)'이란 단어와 '모형(gram)'이란 단어의 조합이며, 기원전 2500년경부터 중동 지역과 아시아에서 유래한 고대의 지혜로 알려져 있다. 러시아계 정신지도자 구르지예프에 의해 서구사회로 전파되었다. 에니어그램에는 9가지 유형이 있고 각각 독특한 사고방식, 감정, 행동을 표현하며, 서로 다른 발달행로와 연결된다.

출처 : HRD 용어사전, 2010. 9. 6

리소-허드슨 테스트[16]

테스트에서 정확한 결과를 얻기 위해서는 다음의 지시 사항을 따라야 한다.

1. 그룹 Ⅰ과 그룹 Ⅱ에서 각각 평소 자신의 태도와 행동을 가장 잘 반영한다고 여겨지는 항목을 하나씩 고른다.

2. 선택한 항목 안에 포함되어 있는 모든 말과 문장에 완전히 들어맞아야 하는 것은 아니다. 80%~90% 정도에 동의할 수 있는 항목을 고르면 된다. 단, 선택한 진술들의 전체적인 경향과 '철학'에는 동의해야 한다. 내용 중에 일부는 반드시 해당되지 않을 수도 있다. 한마디의 말이나 구절 때문에 그 항목을 선택하는 것을 거부할 필요는 없다. 그 항목 진술들의 전체적인 내용에 유의하라.

3. 자신의 선택에 대해 지나치게 많이 분석하지 않는다.

---

16) 출처 : 에니어그램의 지혜, 돈 리처드 리소·러스 허드슨, 한문화, 2015

100%가 아니라도 자신의 직관이 옳다고 판단 내리는 쪽을 선택하라. 부분적인 요소보다는 그 항목 진술들의 전체적인 주제와 느낌이 더 중요하다.

4. 자신에게 가장 잘 맞는 진술들의 묶음이 무엇인지 결정할 수 없을 때는 두 개를 선택할 수도 있다. 그러나 이는 반드시 한 그룹에 국한되어야 한다. 예를 들어 그룹 Ⅰ에서 A, 그룹 Ⅱ에서 Y와 Z를 선택하는 것이다.

5. 선택한 진술들에 해당하는 알파벳 문자를 확인하고 빈칸에 써넣는다.

◆ 에니어그램 진단지 그룹 I

유형	내용	선택
A	나는 독립적인 편이고 자기주장을 잘한다.	
	나는 상황에 정면으로 맞설 때 삶이 잘 풀린다고 느낀다.	
	나는 목표를 설정하고 그 일을 추진해나간다. 그리고 그것이 성취되기를 원한다.	
	나는 가만히 앉아 있는 것을 좋아하지 않는다.	
	나는 큰일을 성취하고 영향력을 행사하기를 원한다.	
	나는 정면 대결을 원하지는 않지만, 사람들이 나를 통제하는 것도 좋아하지 않는다.	
	대개의 경우 나는 내가 원하는 것을 잘 알고 있다.	
	나는 일도 노는 것도 열심히 한다.	
B	나는 조용하게 혼자 있는 것을 좋아한다.	
	나는 사회적인 활동에 주의를 쏟지 않으며 대체로 내 의견을 강하게 주장하지 않는다.	
	나는 앞에 나서거나 다른 사람과 경쟁하는 것을 그리 좋아하지 않는다.	
	사람들은 나를 몽상가라고 말한다.	
	내 상상의 세계 안에서는 많은 흥미로운 일들이 벌어진다.	
	나는 적극적이고 활동적이라기보다는 조용한 성격이다.	
C	나는 아주 책임감이 강하고 헌신적이다.	
	나는 내 의무를 다하지 못할 때 아주 기분이 나쁘다.	
	나는 사람들이 필요할 때 그들을 위해 내가 그 자리에 있다는 것을 알아주었으면 좋겠다.	
	나는 그들을 위해 최선을 다할 것이다.	
	이따금 나는 사람들이 나를 알아주든 알아주지 않든 그들을 위해 큰 희생을 한다.	
	나는 나 자신을 제대로 돌보지 않는다.	
	나는 해야 할 일을 한 다음에 시간이 나면 휴식을 취하거나 내가 원하는 일을 한다.	

◆ 에니어그램 진단지 그룹 II

유형	내용	선택
X	나는 대개 긍정적인 자세로 생활하며, 모든 일이 나에게 유리한 쪽으로 풀린다고 느낀다.	
	나는 나의 열정을 쏟을 수 있는 여러 가지 방법들을 찾는다.	
	나는 사람들과 함께하고 사람들이 행복해지도록 돕는 것을 좋아한다.	
	나는 나와 마찬가지로 다른 사람들도 잘 지내기를 바란다 .	
	항상 기분이 좋은 것은 아니다. 그러나 나는 다른 사람에게 그렇게 보이기를 원한다.	
	나는 다른 사람들에게 항상 긍정적으로 보이고자 노력하기 때문에 때로는 나 자신의 문제를 다루는 것을 미루기도 한다.	
Y	나는 대부분의 상황에 대해 강한 감정을 갖는다.	
	대부분의 사람들은 내가 모든 것에 대해 불만을 갖고 있다고 생각한다.	
	나는 사람들 앞에서 내 감정을 억제하지만, 남들이 생각하는 것보다 더 민감하다.	
	나는 사람들과 함께 있을 때 그들이 어떤 사람인지, 무엇을 기대할 수 있는지를 알기 원한다.	
	어떤 일에 내가 화가 났을 때 나는 사람들이 그것에 대해 반응하고 나만큼 그 일을 해결하려고 노력해주기를 원한다.	
	나는 규칙을 알고 있다.	
	사람들이 내게 무엇을 하라고 지시하는 것을 좋아하지 않는다.	
	나는 나 스스로 결정하기를 원한다.	
Z	나는 스스로를 잘 통제하고 논리적이다.	
	나는 느낌을 다루는 것을 편안해하지 않는다.	
	나는 효율적이고 완벽하게 일을 처리하며 혼자 일하는 것을 좋아한다.	
	문제나 개인적인 갈등이 있을 때 나는 그 상황에 끼어들지 않도록 한다.	
	어떤 사람들은 내가 너무 차고 초연하다고 말하지만, 감정 때문에 중요한 일을 그르치고 싶지 않다.	
	나는 사람들이 나를 화나게 할 때 대부분의 경우 반응을 보이지 않는다.	

결과 해석

두 개의 그룹에서 선택한 두 개의 문자를 나란히 쓴다. 그룹 Ⅰ에서 진술 A를 선택하고 그룹 Ⅱ에서 진술 Z를 선택했다면 AZ가 될 것이다.

한 그룹에서 두 개의 유형이 나왔을 경우에는 다시 한 번 모든 문장을 읽어보고, 전체적인 분위기가 나와 가장 유사한 것을 택한다. 직관에 따르는 것이 좋다.

[진단결과] 내가 선택한 문자를 아래 빈 칸에 적어보자.

| | |
| | |

24

나의
성격 유형은?

윤 대 리　그룹 I 에서 A와 B가 동그라미 숫자가 같습니다.
　　　　　같은 그룹에서 두 개가 나와도 되나요?

감정연구소　동그라미 숫자가 같은 문항이 두개 이상일 수 있습
　　　　　니다. 이런 경우, 동그라미와 관계없이 A와 B의 문
　　　　　장 전체를 한 번에 쭉 읽어보시고 어떤 쪽이 나의
　　　　　성향에 더 맞는지 다시 한 번 생각해보시죠. 생각이
　　　　　아닌 직관으로 결정하시면 A와 B 중 하나를 고르
　　　　　실 수 있을 겁니다.

윤 대 리　네~ 그럼, 다시 한 번 읽어보죠.

아래 표를 보고 테스트 결과 당신이 속한 성격 유형이 무엇 인지 살펴보라.

◆ 성격 유형의 이름과 주요 특성

결합 문자	성격 유형	성격 유형의 이름과 주요 특성
AX	7	열정적인 사람 : 쾌활함, 충동적, 성취 지향적
AY	8	도전하는 사람 : 자신감, 결단력, 남을 지배하려 함
AZ	3	성취하는 사람 : 적응을 잘함, 야망이 있음, 자신의 이미지를 중시함
BX	9	평화주의자 : 수용적, 다른 사람을 편하게 함, 스스로 만족함
BY	4	개인주의자 : 직관적, 심미적, 자신 안으로 빠져들게 됨
BZ	5	탐구자 : 지각능력이 뛰어남, 혁신적, 남들과 떨어져 있음
CX	2	돕는 사람 : 남들을 잘 보살핌, 너그러움, 소유욕이 강함
CY	6	충실한 사람 : 붙임성이 있음, 책임감이 강함, 방어적
CZ	1	개혁자 : 이성적, 원칙적, 자기 관리에 철저함

출처 : 에니어그램의 지혜, 돈 리처드 리소·러스 허드슨, 한문화, 2015

윤 대 리　　그런데, 성격 유형이 9가지라 몇 개 안 되는 것 같아
도 특성을 살펴보니 복잡하군요. 뭐가 뭔지 하나도
모르겠습니다.

감정연구소　그렇죠? 유형의 특성에 대해 세부적으로 들어가면
이것도 논문 몇 편씩 나오는 주제입니다. 처음 보
시는 분은 아마도 어려우실 겁니다. 그래서 세 개
의 자아로 나누어 설명하기도 합니다. 세 개의 자아
는 본능 중심, 감정 중심, 사고 중심으로 나누어집
니다. 본능 중심은 장 중심이라고도 하며, 8번, 9번,
1번 성격이 이에 속합니다. 감정 중심은 가슴 중심
이라고도 하며, 2번, 3번, 4번이 속하죠. 마지막으
로 사고 중심은 머리 중심이라고도 하며, 5번, 6번,
7번을 말합니다.

에니어그램-힘의 중심

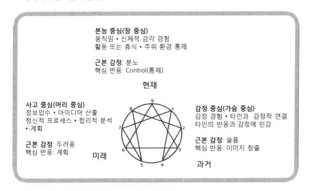

본능 중심 – 감정 중심 – 사고 중심

윤 대 리 각각의 유형에 따라 성향이 많이 다른가요?

감정연구소 그럼요. 전혀 다르죠. 먼저 각 유형의 특징을 간단히 설명해드리고, 우리가 지금 다루고 있는 감정노동의 표출 방법과 해소 방법을 중심으로 말씀드리겠습니다.

윤 대 리 〈에니어그램 – 힘의 중심〉이 이해하기 쉽게 그려져 있네요.

감정연구소 가슴 중심형은 나의 감정경험과 타인의 감정에 민감하게 반응하는 유형입니다. 가슴형은 감정이 중심이고 초점이 과거로 가 있어 과거의 사건으로 인한 자신의 감정에 관해 이야기하는 경우가 많습니다. 하지만 본능 중심(장 중심) 유형은 초점이 현재에 있습니다. 지금 순간이 중요한 유형이죠. 이 유형은 근본 감정에 분노가 있으므로 화가 나는 순간 불같이 화를 내는 경우가 많습니다.

윤 대 리 그래요? 그렇다면 8번, 9번, 1번 유형의 경우 분노 조절을 많이 해야겠군요.

감정연구소 이 책은 에니어그램을 다루는 것이 주가 아니므로 이론을 가볍게만 다루어서 그렇게 느끼실 수도 있느데, 장 중심 유형은 뒤끝이 없는 유형입니다. 당시에 화가 났을 뿐, 그 뒤에 그것에 관해서 이야기한다든지 하는 것은 없죠.

윤 대 리   그렇다면, 더 안 좋은 것 아닌가요? 상처받은 사람은 어떻게 하라고요.

감정연구소   하하! 그렇습니까? 제 얘기는 상대방이 아닌 자신의 이야기입니다. 장 중심 유형은 화를 내고 나서 그 뒤에 꽁하고 있거나 마음에 담아두지 않는다는 이야기입니다.

윤 대 리   깔끔해서 좋군요.

감정연구소   대신 화낸 것에 대한 미안한 마음이 들 수도 있겠죠. 마지막으로 머리 중심 유형은 초점이 미래에 가 있습니다. 이 유형은 미래에 대한 두려움으로 항상 계획하고 정보를 수집합니다.

윤 대 리   합리적 분석을 좋아하는 유형이라니 수학을 좋아한다는 건가요?

감정연구소   하하! 그것보다는 객관적인 자료를 신뢰한다고 표현하는 것이 좋겠네요.

윤 대 리   이렇게 세 개의 유형으로 살펴보니 이해가 더 빠릅니다. 분노 표출 방법은 어떻게 다른가요?

감정연구소   본 감정이 슬픔인 가슴 중심 유형은 울면서 화를 내는 경우가 많습니다. 그리고 다시 말씀드립니다만, 감정에 대해 호소를 하겠죠. 그리고 장 중심 유형은 움직임이나 신체적인 활동이 큰 유형이라 감정을 신체적인 동작으로 표현할 수도 있습니다. 물건을 던진다든가 때린다든가 하는 등의 동작요.

윤 대 리 헉! 무서운 유형이군요.

감정연구소 각 유형의 높은 이해를 위해 극단적인 사례를 표현하는 것이고 이런 성향이 있다고 설명드리는 것에 대해서는 양해 부탁드립니다. 장 중심 유형도 장점이 많은 유형이랍니다. 행동을 말보다 먼저 보여주기 때문에 조직의 리더 중에도 장 중심 유형이 많죠. 마지막으로 머리 중심 유형은 이성적으로 평가하고 따집니다. 어떤 경우는 오히려 화가 난 것에 대해 표현하지 않고 움츠리는 예도 있습니다.

윤 대 리 각 유형별로 행동하고 사고하는 것이 다르다니 신기합니다.

Part 5

감정노동을
버릴
용기

Case 9

몸을
움직여서
감정노동을
날려볼까?

25

본능 중심 유형(장 유형)의
감정노동 해소법

윤 대 리   그렇다면, 각 성격 유형에 따라 감정노동을 해소할
         방안을 알려주세요.

감정연구소 먼저, 장 유형은 이론보다는 몸을 움직이는 것을 선
         호하는 편입니다. 그래서 몸으로 푸는 것을 추천해
         드립니다.

윤 대 리   감정노동을 몸으로 푼다고요?

감정연구소 표현이 낯설었나요? 흔히 길거리에서 볼 수 있는
         펀치 기계 기억나시나요?

윤 대 리   네! 회식하거나 하면 남자 직원들은 종종 펀치를 치
         기도 하더라고요. 저는 별로 좋아하질 않아서요.

감정연구소 펀치 기계나 망치로 두드리는 두더지 게임 이런 것
         들이 스트레스 해소를 몸으로 하는 게임의 좋은 예
         시입니다. 하지만 감정노동은 스트레스보다는 좀
         더 강도가 있는 감정이므로 좀 더 강렬한 것이 좋겠
         지요.

윤 대 리   몸으로 풀면서 좀 더 강렬한 것이라… 지금 생각해

보면 성격 유형이 장 유형인지는 잘 모르겠지만, 회
식하거나 하면 노래방에서 꼭 테이블 위에 올라가
서 춤추는 사람이 있었던 것 같아요. 춤은 어떤가요?

춤 테라피

감정연구소　춤은 몸에서 세로토닌, 엔도르핀, 도파민의 긍정 호르몬을 생성시키는 아주 좋은 힘을 가지고 있습니다. 우리나라는 예로부터 위로는 중국, 아래로는 왜군의 침략을 많이 받아 한이 많은 민족이라고 표현하기도 합니다. 그래서 조상님들은 그 한을 술을 마시고 노래 부르고 춤을 추며 승화시켰다고 하죠. 우리에게 춤은 낯선 것이 아닙니다.

윤 대 리　춤이 감정노동 해소에 좋다니 춤을 배워야겠네요.

감정연구소　여기에서 말하는 춤은 가수나 연기자들이 추는 규격화되어 있는 춤이 아닙니다. 몸의 파동, 리듬을 타는 모든 움직임을 의미합니다. 가브리엘 로스 (Gabrielle Roth)는 춤으로 치료하는 춤 테라피로 유명합니다. 그는 춤을 추며 나오는 땀이 마음의 무기력, 열등감을 해독시키는 작용을 한다고 했습니다.

윤 대 리　춤 테라피도 있군요.

감정연구소　이미 춤 테라피는 자기치유의 한 학문으로 연구되고 있습니다. 리듬에 맡겨 나의 몸을 움직이면서 자기 안에 존재를 경험하고 나의 진정한 마음을 알아차리는 수련의 과정입니다. 국내에 춤테라피학회가 있으며, 혜민 스님께서 운영하는 마음치유학교에서 '춤으로 떠나는 마음치유여행'을 지속적으로 운영하고 있습니다.

윤 대 리 새로운 것을 많이 알게 되네요. '춤으로 떠나는 마음 치유여행'이라고요?

감정연구소 '내 척추의 움직임으로 마음을 이해하기', '내 골반의 움직임으로 마음을 이해하기' 등 신체별로 움직이고 정신을 집중하면서 몸의 소중함, 마음의 소중함, 내가 진정으로 원하는 것 등을 알아차리는 과정입니다. 춤 명상까지 진행하고 나면 나의 마음의 편안함을 느낄 수 있습니다.

윤 대 리 춤으로 명상을 한다고는 생각하지 못한 것 같아요.

감정연구소 춤을 잘 춰야지 생각하거나, 잘 추려고 할 필요도 없습니다. 내 몸의 긴장을 풀고 리듬에 맞추는 과정입니다. 감정노동이라는 마음의 쓰레기는 긴장된 마음의 근육 안에 있다가 자연스럽게 긴장을 푸는 과정에서 내 마음 밖으로 나가게 되겠죠.

윤 대 리 이야기만 들었는데도 이미 춤 테라피를 경험하면 어떤 느낌일지 예상이 되네요. 익숙한 느낌은 아닌 걸요.

감정연구소 하하! 그러세요? 치유, 명상, 영성. 아직은 우리에게 익숙하지 않은 단어일 것입니다. 하지만 신체건강을 위해 채소를 먹고 다양한 건강보조식품을 섭취하듯이 정신건강을 위해서 할 수 있는 다양한 방법을 마음을 열고 받아들일 필요가 있습니다. 그래야 내 감정노동을 스스로 조절할 수 있게 될 것입니다.

윤 대 리 춤 테라피를 좀 더 쉽게 할 방법은 없을까요?

감정연구소 집에서도 쉽게 할 수 있습니다. 저는 아이들과 함께 만화 주제곡에 맞춰 집에서 콩콩 뛰면서 춤추기도 합니다. 아이들과 함께 춤추다 보면 정말 기분이 좋아지지요.

윤 대 리 그러고 보니, 아이들은 춤 테라피에서 이야기하는 자유롭게 신체를 움직이면서 추는 춤을 추네요.

감정연구소 눈치채셨군요. 아이들이야말로 자유롭게 춤 치료를 할 수 있는 대상입니다. 함께 음악을 틀어놓고 무아지경으로 춤을 춰보면 금방 아실 수 있을 겁니다.

윤 대 리 뽀로로 음악에 맞춰서 한번 해봐야겠어요.

춤 테라피[Dance Therapy]

춤 치료의 기본 내용은 마음 가는 대로 몸을 움직이며 자신의 마음을 몸으로 표현하고, 그런 표현을 통해 나의 진실한 모습과 대면하는 것이다.

출처 : 나를 사랑해도 되겠습니까?, 박선영

춤 치료는 리듬을 바탕으로 여성성과 남성성을 움직임과 춤으로 통합하고, 본래의 자기인 자아를 만나는 과정이다.

출처 : 춤 테라피, 가브리엘 로스

신문지 치기

감정연구소 또 신문지도 감정노동을 해소하기에 아주 좋은 재료가 됩니다. 신문지는 막 찢을 수도 있고, 펼쳐서 펀치 기계처럼 주먹으로 칠 수도 있으며, 꼭꼭 뭉쳐서 미술치료의 재료로도 사용할 수 있습니다. '감정노동심리해결사' 자격증 과정에서 실행했던 신문지를 치는 장면을 사진으로 보여드리겠습니다.

신문지 치기 실습 과정

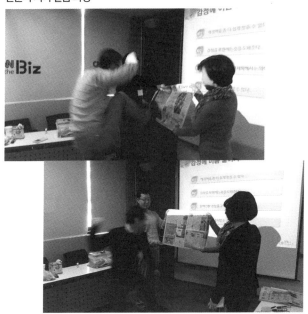

윤 대 리   와~ 신문지로 치는 걸 보는 것만으로도 속이 확 뚫
리는 느낌입니다. 정말 강력하게 치셨는걸요?

감정연구소   하! 그런가요? 정말 직극석으로 참여해주셨죠. 춤
테라피는 아무래도 춤에 대한 거부감이 있을 수 있
고, 신문지 치는 것은 너무 짧게 끝나서 두 가지의
장점을 접목한 프로그램이 하나 더 있습니다. 바로
난타입니다. 한때 난타 공연이 붐을 이루었죠. 가장
큰 이유는 프로그램의 우수성도 있겠지만, 바로 스
트레스 해소입니다. 보는 것만으로도 스트레스가
해소될 수 있습니다. 그리고 공연 중에 관객석에서
도 공이나 채소가 날아다니고 함께 박수로 박자를
맞추어보는 시간도 있습니다. 실제로 보면서 해소
되는 것과 하면서 해소되는 것이 함께 있는 셈이죠.

윤 대 리   나의 감정노동 해소를 위해서는 남이 아닌 내 몸이
움직여야 한다는 말씀이신가요?

감정연구소   맞습니다. 머리로는 알고 있다고 하지만, 움직이지
않고는 절대 알 수 없습니다. 우리 민족의 한(恨)에
관한 이야기를 앞에서 언급했지만, 난타 공연에 나
오는 대부분의 리듬은 전통 가락인 사물놀이입니다.

윤 대 리   사물놀이 리듬은 듣고 있으면 왠지 모르게 속이 시
원해지는 느낌이에요.

감정연구소   신문지를 돌돌 말아 테이프로 붙이고, 아무 음악이나 틀어놓고 바닥에 대고 두드려보세요. 아이가 있으면 아이들과 함께 뽀로로 음악으로 하셔도 괜찮습니다. 자유분방함에서부터 마음 근육의 긴장감이 풀리실 겁니다.

윤 대 리   몸을 움직여 감정노동을 해소하는 방법만으로도 정말 다양한 방법이 있어 놀라울 따름입니다.

감정노동 상황을 찰흙으로 묘사하기

감정연구소 다음으로는 몸 전체를 움직이는 것이 아닌 앉아서 손으로 할 수 있는 미술치료의 한 방법을 말씀드리고자 합니다. 찰흙으로 감정노동이 되는 당시 상황을 만드는 작업입니다. 이 작업은 장 유형에서 설명해드립니다만, 가슴 유형과 머리 유형 모든 유형에서 다방면으로 사용할 수 있는 실습 방법입니다.

윤 대 리 에이~ 감정노동이 되는 당시 상황을 찰흙으로 만드는 것이 감정노동을 해소한다고요? 농담하시는 건 아니죠?

감정연구소 하하! 실제로 실행해보지 않은 실습과정은 이 책에서 말씀드리지 않습니다. 찰흙으로 당시 상황을 표현하고자 하면 먼저 분노가 올라옵니다. 그 분노를 시원하게 찰흙에 표현하도록 유도하는 겁니다. 앞서 장 유형이 몸을 움직여서 감정노동을 해소한다고 말씀드렸습니다. 책상에서 찰흙을 두드리는 것이긴 합니다만, 두드리면서 해소하는 것은 같은 맥락이라고 볼 수 있습니다.

윤 대 리 찰흙을 두드리면서 감정노동을 해소한다, 한번 해봐야겠어요.

찰흙은 문구점에서 천 원이면 두 덩어리를 살 수 있습니다. 두 덩어리면 한 작품을 만들고도 남죠. 처음에 스트레스 중화에서 소개한 하트매스 연구소(Institute of HeartMath)에서 20년간 연구한 심장호흡에서도 나오지만, 스트레스를 유발하는 생각과 감정에서 멀어지는 상상을 하라고 권하고 있습니다. 지금 당장 화가 나는데, 그것에서 멀어지는 상상을 하기가 어디 쉽습니까? 그래서 연습이 필요합니다. 그런데 찰흙으로 그 장면을 빚고 바라보면서 생각을 정리하게 되면 첫째는 그 장면을 한 발짝이라도 떨어져서 바라볼 수 있고, 둘째는 그럼으로써 그 장면을 객관화해서 볼 수 있게 되는 겁니다. 감정노동해결연구소에서 진행한 실습의 한 사진을 보며 설명하겠습니다. 이 사례는 고부간의 갈등이 주제입니다.

찰흙빚기 사례(고부 갈등)

감정연구소 명절에 차례상을 차리는 과정에서 갈등이 발생했
습니다. 시어머니가 술잔을 챙기는 것을 몇 번 얘기
했는데 내담자가 그것을 잘 기억하지 못하자 시어
머니가 대뜸 '네가 나를 무시하는 거냐?'라고 소리
를 지르셨다고 합니다. 내담자는 애들 데리고 시골
내려가느라 힘들고, 내려가서 차례상 차리느라 힘
들었는데, 남편 집안의 사람들은 누워 있고 며느리
만 새벽같이 일어나 일하면서 대체 왜 이런 대접을
받아야 하는지 이해되지 않는다고 했습니다. 이 사
건 이후로 분노가 가라앉지 않아 매일매일 남편과
불화가 계속되고 있다고 했죠.

윤 대 리 이쯤 되면 트라우마라고 봐야겠네요.

감정연구소 남편만 보면 시어머니가 떠올라 계속해서 화가 난
다고 했으니 트라우마로 볼 수 있겠습니다. 이 내담
자도 처음에는 '웬 찰흙?'이라는 표정으로 저를 바
라봤었죠.

윤 대 리 찰흙을 빚는 과정에 특별한 비결이 있는 건가요?

감정연구소 아닙니다. 눈을 감고 마음을 편안하게 한 후 시작하
면 됩니다.

윤 대 리   특별한 것이 없는데 찰흙을 빚는 것만으로 감정노
동이 해소된다는 것이 아직도 믿기지 않아서요.

감정연구소   처음에 방바닥을 만들기 위해서 찰흙을 조금씩 떼
어붙이기 시작했습니다. 빗속의 사람 그림에서 해
석할 때도 보는 부분입니다만, 악력을 봅니다. 손에
어느 정도의 힘을 주어 찰흙을 누르느냐에 따라 스
트레스 표출 정도가 달라지겠죠. 내담자는 방바닥
을 표현하기 위해 사용한 상자에 손가락으로 꾹꾹
눌러 찰흙을 꼼꼼하게 붙였습니다. 이후 명절을 표
현하기 위해 병풍을 만들었는데, 네모를 만들기 위
해서는 찰흙을 책상에 쳐야 했습니다. 이때부터 표
정이 달라지기 시작하더라고요. 이후에 병풍을 묘
사하기 위해 나무젓가락을 부러뜨려 병풍에 무언
가를 쓰기 시작했는데요, 이때부터 분노의 표현이
젓가락으로 옮겨졌다고 볼 수 있습니다.

윤 대 리   사진으로 보니 병풍에 뾰족뾰족하게 글씨를 쓴 것
이 보이네요.

감정연구소   이후에 시어머니를 만들면서 찰흙을 책상에 치고,
남편을 만들면서 치는 과정에서 내담자는 속이 후
련해지는 것을 느꼈다고 했습니다. 예전에 며느리
들이 스트레스 해소를 위해 북어를 방망이로 쳤죠.

비슷한 맥락으로 이해하시면 좋을 듯합니다.

윤 대 리　과정을 설명 들으며 사진을 보니 이해가 더 쉽군요.

찰흙빚기 사례(고부갈등)

트라우마(Trauma)

'정신적 외상', '(영구적인 정신 장애를 남기는) 충격'을 의미한다. 외상성 충격 또는 심리적 상처·트라우마는 '상처'를 뜻하는 그리스어에서 온 단어이다.

사건을 당한 연령, 가해자와의 관계, 상황, 빈도, 주변의 지지와 신뢰, 인지적 사고능력, 감정적 처리능력에 따라 트라우마의 정도와 후유증은 다를 수 있다.

트라우마의 원리

반복되는 충격 → 과거의 기억 → 감정노동이 트라우마로 발전

찰흙빚기 사례(실습 후 해석)

감정연구소　찰흙빚기는 당시의 장면을 마치 나 자신이 방안의 천
　　　　　　장 높이에서 바라보는 것과 같은 효과를 가질 수 있습
　　　　　　니다. 이것은 뒤에 NLP에서 다시 나오겠지만, 감정
　　　　　　노동 장면을 객관적으로 바라볼 수 있게 하는 거죠.

윤 대 리　　그렇게 바라보면 뭐가 달라지나요?

감정연구소　당시에는 분노의 감정이나 흥분된 상태로 보지 못
　　　　　　했던 것을 볼 수 있게 됩니다. 사진을 보면 남편은
　　　　　　시어머니나 내담자보다 작게 묘사되어 있어요. 찰
　　　　　　흙이 모자랐던 것도 아닌데 말이죠. 내담자는 이 장
　　　　　　면을 보고 나서야, 자신을 화나게 한 것이 시어머니
　　　　　　가 아닌 그 상황을 보고만 있던 남편이었다는 것을
　　　　　　알게 되었죠.

윤 대 리　　그러니 남편만 보면 화가 났군요. 정말 자신의 마음
　　　　　　이지만, 정성스럽게 들여다보지 않으면 내가 무엇
　　　　　　을 생각하는지, 느끼는지 모르겠어요.

감정연구소　내담자는 집안을 잘 보살펴달라는 의미로 지내는
　　　　　　차례상 앞에서 소리 지르고 우는 시어머니를 이해
　　　　　　할 수 없다고 했어요. 하지만 더 이해되지 않는 것
　　　　　　은 그런 시어머니를 항상 보고만 있는 시댁 가족이

었다고요.

윤 대 리   감정노동이라는 표현이 어울리네요. 내가 느끼는 감정이 있지만, 표현하지 못하고 그냥 있어야 하는 상황. 저 상황에서 '어머니는 왜 이러시는 거예요?' 하면 싹수없는 며느리가 되는 거죠.

감정연구소   내가 느낀 그대로를 표현하지 못하고 긍정적 감정노동, 중립적 감정노동, 부정적 감정노동 중 어느 쪽이든 그렇게 있어야 하는 상황이니 감정노동에 해당되죠.

Case 10

내 마음을
알아주면
감정노동이
풀릴까?

26
감정 중심 유형(가슴 유형)의 감정노동 해소법

감정연구소   그럼, 이번에는 감정이 중요한 가슴 유형의 감정노동을 해소해볼까요?

가슴 유형은 말 그대로 감정노동을 가슴에 담아둘 수 있는 유형입니다. 마음이 건강할 때는 복슬강아지처럼 부드럽지만, 건강하지 못할 때는 고양이로 변해 상대방을 할퀸다고 표현합니다. 가슴 유형이야말로 감정노동을 제때에 해소하지 않으면 건강하지 못한 마음 상태를 유지할 확률이 높아지는 유형입니다.

윤 대 리   가슴 유형은 감정에 충실한 유형이군요.

감정연구소   그렇습니다. 어떤 경우에 분명히 불만 고객이었는데, 얘기를 들어주는 것만으로 고맙다고 말하면서 전화를 끊는 고객이 있지 않나요?

윤 대 리   그런 난감한 고객이 종종 있죠.

감정연구소   가슴 유형은 감정노동 사건을 객관적으로 바라보면서, 당시 상황을 공감해줄 수 있는 방향으로 감정노동을 해소하면 도움이 됩니다.

NLP (Neuro Linguistic Programming)

감정연구소   NLP라는 심리학적 기법이 있습니다. 제기 추천하는 실습은 '감정노동심리해결사' 자격증 과정을 운영하면서 유형별로 가장 만족도가 높았던 실습 위주로 설명하는 것입니다. 선호도만 참고하시면 되고, 어느 유형에나 적용 가능하다는 점 다시 한 번 강조합니다.

윤 대 리   그렇다면, 직원들에게 적용할 때도 개인 성격이나 성향에 따라 다르게 적용하면 좋겠네요. 참고할게요.

감정연구소   직원의 성향에 따라 적용한다면 실습의 효과를 배가시킬 수 있을 겁니다. NLP의 용어부터 설명드리겠습니다. NLP는 Neuro Linguistic Programming의 약자로, 해석하면 신경언어학 프로그래밍입니다. 미국의 정보처리학자 리처드 밴들러와 언어학자 존 그린더가 창시했죠. 밴들러와 그린더는 인간은 자신의 뇌에 언어로 프로그램할 수 있다고 주장했어요. NLP는 자신의 내면에 잠재된 생명력을 발전시키는 작업이라 볼 수 있습니다.

윤 대 리   잠재된 생명력을 발전시킨다니, 뭔가 엄청난 느낌입니다.

감정연구소 하하! 좀 더 쉽게 설명하죠. 혹시 방송에서 최면술을 본 적 있으신가요?

윤 대 리 네! 기억에 남는 방송이 있어요. 어떤 연예인이 누워서 잠이 드는 최면술을 한 이후에 생마늘을 초콜릿이라고 하면서 먹였는데, 방송에서는 맛있다면서 먹었거든요. 그런데 나중에 다른 방송에 나와서 최면에 걸리지 않았었다고 말하더라고요. 생마늘 먹느라고 죽을 뻔했다고….

감정연구소 제가 가슴 유형에서 NLP를 소개하는 이유가 바로 그것입니다. 장 유형은 몸을 움직이는 것을 더 선호하고, 머리 유형은 자신이 직접 눈으로 확인하고 자료를 보지 않는 이상 신뢰하지 않는 성향이 있어요. 그래서 머리 유형이 리더인 경우, 직원의 분석자료에 집중하는 모습을 보이기도 합니다. 종종 감정노동 주제로 회의하면 머리 유형의 리더는 기존에 감정노동 해소 프로그램을 몇 번 진행했는지, 몇 명이 참여해 감정노동 해소는 어느 정도 되었는지에 대한 진단 결과를 요구합니다.

윤 대 리 대단하군요. 머리 유형은 최면술도 자료를 요구하겠어요.

감정연구소 하지만 심리학의 근본은 마음을 다스리는 겁니다.

마음에 대한 실험이나 연구를 통해 분석되고 있긴
하지만, 보이지 않는 힘이 있다는 것을 우리는 분명
알고 있죠. 처음에 감정노동은 제가 해소해드리는
것이 아니라고 말한 것 기억하시나요?

윤 대 리　네! 의사는 약을 주면 치료가 되니, 감정노동을 해
소하는 것도 '앉아서 시키는 대로 실습하면 없어지
겠지.' 하고 생각했어요.

감정연구소　윤 대리님은 지금 법 조항 운운하는 고객으로 인해
힘든 상황이죠?

윤 대 리　그래서 소장님과 이렇게 긴 이야기를 나누고 있죠.

감정연구소　고객은 이미 오전에 전화를 끊었는데, 왜 대리님은
아직도 그 고객과의 전화를 끊지 못하고 있나요?

윤 대 리　…….

감정연구소　그 고객과의 전화를 끊지 못하고 내 마음속에 둔 것
은 그 누구도 아닌 나 자신입니다. 그러니, 고객을
내 마음에서 내보내는 것도 내가 해야 합니다. 절대
남이 해주지 못합니다.

윤 대 리　그렇네요. 내 마음은 내 것이니까요.

감정연구소　하하! 기억하고 있군요. 다행입니다. 그렇다면,
NLP에 대해서 '저게 될까?' 하는 의심스러운 마음
을 내려놓고 나의 마음을 소중하고 편안하게 만들

어야 한다는 염원을 가지고 이제 NLP 실습을 해볼까요? 오늘은 NLP 중 가장 기초에 해당하는 가벼운 실습을 하겠습니다. 방법만 다를 뿐, 맥락은 미술치료의 찰흙빚기 과정과 같습니다. 당시 상황을 영화의 한 장면처럼 멀리 떨어져서 바라보고 그때의 감정을 최소화시킨 후에 다시 나의 애정이 어린 감정을 그 위에 덮는 과정입니다.

윤 대 리 기대되네요 시작해주세요~

NLP 실습
(같이 해보세요~)

감정연구소   자, 먼저 눈을 감고, 심호흡하겠습니다. 심장 호흡을 하듯이 깊게 들이마시고 깊게 내쉬세요~

윤 대 리   휴~

감정연구소   머릿속의 모든 생각을 내려놓고 숨 쉬는 것에 집중합니다. 다시 숨 들이마시고, 숨 내쉬세요.

윤 대 리   휴~

감정연구소   자! 이제 윤 대리님은 오전에 고객과 통화했던 때로 돌아갑니다. 지금 어디에 있나요?

윤 대 리   사무실 제 자리에 앉아 있어요.

감정연구소   무엇을 하고 있습니까?

윤 대 리   그 고객과 통화하고 있어요. 고객이 나와 얘기하면서 비웃는 소리가 들리네요. 법을 알고 얘기하냐면서 비아냥거리고 있어요.

감정연구소   지금 어떤 감정이 드세요?

윤 대 리   뭔지 모르겠지만, 그냥 부숴버리고 싶은 생각이 들어요. 화가 머리끝까지 나서 현기증을 느낄 정도예요. 이렇게 쓸데없는 얘기를 5일 동안 하루에 2~3시간씩 하는 이유를 쫓아가서 따져 묻고 싶어요.

감정연구소 지금 느끼는 부숴버리고 싶은 마음을 충분히 느껴봅니다. 내 마음속에 있는 모든 감정을 하나하나 알아차려봅니다. 어떤 느낌이 올라오나요?

윤 대 리 비참한 느낌, 울컥하는 마음, 뭐든 부수고 싶은 느낌, 분노, 화, 다 올라오네요.

감정연구소 자! 이제부터 통화하고 있는 과거의 나와 지금의 나를 분리해봅니다. 통화하고 있던 윤 대리님의 모습을 지금의 내가 천장 높이로 올라가서 바라봅니다. 기분이 어떻습니까?

윤 대 리 불쌍해 보여요. 고객에게 당하고 있다는 생각이 듭니다.

감정연구소 자! 이제 건물 3층 높이로 올라가서 윤 대리님의 모습을 내려다봅니다. 어떻게 보이나요?

윤 대 리 책상에 앉아 있는 것이 보이네요.

감정연구소 자! 이제 63빌딩 높이로 올라가서 봅니다. 어떻게 보입니까?

윤 대 리 63빌딩 높이요? 거의 보이지 않아요.

감정연구소 이제는 구름 높이로 올라가서 봅니다. 보이나요?

윤 대 리 아뇨. 이젠 더는 보이지 않습니다.

감정연구소 그렇다면, 지금은 어떤 것이 보이나요?

윤 대 리 구름이 보이네요. 비행기도 지나갑니다.

감정연구소   지금 마음은 어떻습니까?

윤 대 리   아까보다는 조금 가벼워진 것 같지만, 아직도 화가 납니다.

감정연구소   자! 이제 가슴을 손으로 쓸어보면서 나의 마음을 닦아주세요. 마음의 화가 없어질 수 있도록 구름의 깨끗함으로 닦아봅니다. 내가 좋아하는 사람을 떠올려보세요. 누구인가요?

윤 대 리   남자친구요.

감정연구소   자! 남자친구와 가장 행복했던 데이트를 떠올려보세요. 남자친구의 향수 냄새, 손을 잡았을 때의 촉감, 애정이 어린 목소리, 웃고 있는 얼굴을 떠올려봅니다. 기분이 어떠세요?

윤 대 리   행복합니다.

감정연구소   남자친구와의 행복한 감정을 지금 내 마음에 담아봅니다. 그 마음을 담아서 다시 63빌딩 아래로 내려갑니다. 그리고 3층 건물 높이로 내려갑니다. 천장 높이로 내려갑니다. 고객과 통화하는 윤 대리님의 옆자리로 내려갑니다. 기분이 어떻습니까?

윤 대 리   아까처럼 화가 나진 않네요.

감정연구소   사무실에 앉아 있는 윤 대리님에게 가져온 행복한 감정을 넣어줍니다. 남자친구의 향기, 촉감, 목소리, 얼굴을 씌워주세요~ 기분이 어떤가요?

윤 대 리 　남자친구를 생각하니 기분이 좋습니다.

감정연구소 　자~ 다시 심호흡하겠습니다. 깊게 숨 들이마시고, 숨 내쉬어보세요. 이제 천천히 눈을 뜹니다. NLP 실습을 하기 전보다 어떠신가요?

윤 대 리 　여행을 하고 온 느낌이에요. 기분이 한결 가벼워지고 산뜻해졌어요. 정말 신기하네요.

감정연구소 　자신이 실습자를 얼마나 신뢰하고 성심성의껏 참여하느냐에 따라 결과가 달라질 수 있습니다. 믿고 따라주신 것에 제가 더 감사하네요.

빈 의자 기법

감정연구소   이번에 소개할 프로그램은 게슈탈트[17] 심리치료법 중 하나인 '빈 의자 기법'입니다. 게슈탈트 상담의 개요는 있는 그대로 세계를 정확하게 인식하여 '있는 그대로' 볼 수 있도록 깨닫게 하는 상담기법입니다. 그중 '빈 의자 기법'은 혼자서도 쉽게 할 수 있는 것이라 이 책에서 소개해드리려고요.

윤 대 리   '빈 의자 기법'도 TV 프로그램에서 본 적이 있습니다. 의자를 두 개 놓고 앉아서 앞에 그 사람이 있는 것처럼 얘기하는 거 아닌가요?

감정연구소   정확하게 알고 계시네요. 하지만, 이야기하는 것도 도와줄 수 있는 상담가가 있다면 더 도움이 될 수 있습니다. 종종 앞에 사람이 없는데 이야기를 하는 것이 쑥스럽다든지, 막말이 나오거나 내가 나쁜 사람이 되면 어떡하지 하는 생각을 하면서 말하는 분이 계세요.

---

17) 게슈탈트(gestalt) : 형태주의적 상담기법 중 하나로 자기 각성, 대화 게임, 투사 연기, 반대 행동하기, 빈 의자 기법 등이 있다.

이렇게 하시면 감정노동 해소에 도움이 되지 않으니 윤 대리님은 맘 편히 말씀해주셨으면 합니다. 그럼, 시작해볼까요? 일단, 앞에 그 고객이 있다고 생각하고 하고 싶은 말을 해주세요.

윤 대 리   야! 너 인생 그렇게 살지 마! 할 일이 그렇게 없냐? 넌 친구도 없어? 어떻게 하루도 빠짐없이 전화해서 사람을 괴롭혀? 한국대학 다닌다고? 너 같은 인간이 좋은 학교 나오면 뭐하겠니? 학교 자랑하고, 지식 자랑할 데가 없어서 고객센터 전화해서 화풀이하고 있냐? 인간 그릇이 보인다! 보여! 내가 너 같은 인간 때문에 장염에 걸렸다. 넌 이거의 배를 받을 거야! 이 천하의 나쁜 놈아! (울먹거린다.)

감정연구소   어떠세요. 속이 좀 후련해지셨나요?

윤 대 리   이상하게 뭔가가 좀 해소된 듯한 느낌이 들긴 하네요. 그런데, 그래도 뭔가가 가슴을 막고 있는 듯한 느낌이 아직도 있어요.

감정연구소   이번에는 맞은편 의자에 앉아보실까요?

윤 대 리   맞은편 의자에는 왜요?

감정연구소   이번에는 그 고객이 되어보는 겁니다. 그 고객이 그렇게 행동한 밑마음을 알아보는 거죠. 처음에 윤 대리님이 지난 일주일 동안 느꼈던 감정을 적는 것이 어렵다고 했죠? 그건 감정을 느끼고 있지만, 정확하게 그 감정이 무엇인지 알아차리는 것이 부족했기 때문입니다. 마찬가지로 그 사람이 내게 왜 그러는지, 무엇을 원하는 것인지, 어떤 마음으로 그렇게 행동하는 것인지, 사실은 우리 모두 그것을 알고 있어요. 안다는 것은 머리로 안다는 의미가 아닌, 무의식의 세계를 말하는 것입니다. 우리는 알고 있지만, 그것을 꺼내 드는 작업이 필요합니다. 그것이 바로 '빈 의자 기법'이 주는 포인트입니다.

윤 대 리 설마 그 사이코패스가 어떤 생각을 하고 있는지 제가 이미 알고 있다고요? 말도 안 돼요. 전 몰라요. 왜 그러는지….

감정연구소 일단, 의자에 한번 앉아보세요. 이제 윤 대리님은 법 조항 운운하는 고객이 되었어요. 이제 하고 싶은 말을 해보세요.

윤 대 리 난 외롭고 힘들어! 네가 내 마음을 알아? 난 중학교 때까지 천재라고 사람들이 얘기했었어. 지금은 한국대학에서 꼴찌에 가깝지! 학교 친구들은 공부 못한다고 나랑 만나지도 않아. 또, 다른 애들은 공부에 미쳐서 살아. 이런 상황에서 내가 어떻게 살면 좋겠니?

감정연구소   너무 잘해주셨어요. 그런데 윤 대리님, 조금 전에는 고객의 속마음을 어떻게 아느냐고 하지 않았었나요?

윤 대 리   대학 때 이 학교 기계과와 저희 과가 함께 MT를 간 적이 있었어요. 그때 친구들을 몇 번 만나봐서 이들의 생활을 본의 아니게 조금 알고 있네요. 매번 1등만 해서 들어간 학교에서 만난 1등들끼리의 경쟁은 거의 미치기 일보 직전이라고 했어요. 그래서 공부를 내던지고 타락하는 친구 반, 그 사이에서 또 공부로 살아남는 미친 학생 반이라고 표현하더라고요.

감정연구소   지금의 심정은 어떤가요?

윤 대 리   장염인 저보다 더 불쌍한 사람이네요.

감정연구소   마음은 어떠세요?

윤 대 리   오늘 다시 고객이 원하는 것이 뭔지 정확하게 물어봐야겠어요. 이젠 통화를 종료할 때가 된 것 같군요. 그리고 이제 장염약도 다 떨어졌어요. 이제 건강을 다시 찾아야죠. 하하!

빈 의자 기법 실습

Case 11

이성적으로도
감정노동이
해소된다고?

27

사고 중심 유형(머리 유형)의 감정노동 해소법

윤 대 리 　이렇게 다양한 방법이 있었는데, 지금까지 매일 음주·가무로 스트레스를 풀었다고 생각하니 제가 무지했다는 생각이 듭니다.

감정연구소 　제가 도움될 수 있어 다행입니다. 이번에는 이성적으로 판단하는 머리 유형의 감정노동 해소법을 알아볼까요?

윤 대 리 　머리 유형은 분석적인 것을 좋아한다고 하셔서 그런지 더 기대됩니다. 이성적인 측면이겠지요?

감정연구소 　사람은 누구나 다양한 성향을 모두 가지고 있습니다. 머리 유형이라고 해서 피도 눈물도 없는 것은 아니지요. 다만, 이성적인 측면이 다른 유형에 비해 발달하였을 뿐입니다. 이성적인 측면이 발달하다 보니, 이성적인 것을 좋아하는 것뿐입니다. 사람은 누구나 자신이 잘하는 것을 더 좋아하게 되어 있거든요.

윤 대 리 　그렇죠. 잘하는 것은 다른 사람보다 그 분야에 대한 인정을 더 쉽게 받을 수 있잖아요. 인정은 무시할 수 없는 굉장한 동기부여죠.

생각, 사실, 느낌

감정연구소 심리학 상담기법 중 머리 유형이 선호하는 이성적인 측면을 강조한 상담기법이 있습니다. 그것을 간단하게 누구나 할 수 있도록 생각과 사실, 느낌으로 분리하는 작업을 하는 것입니다.

윤 대 리 사실과 생각과 느낌으로 분리한다고요?

감정연구소 네! 맥락은 미술치료와 NLP와 같습니다. 다만 방법이 다를 뿐입니다. 있었던 사건을 객관화하는 과정입니다. 유형별로 선호하는 방법을 제시하는 것뿐이죠.

윤 대 리 실습 방법은 강의 후 만족도를 반영했다고 하셨는데, 머리 유형은 이 방법의 만족도가 컸던 모양이죠?

감정연구소 하하! 개인차가 있을 수 있습니다만, 그런 측면이 없지 않았답니다.

자~ 그럼, 시작해보겠습니다. 윤 대리님은 오전에 통화했던 고객과 있었던 일을 떠오르는 대로 적어주세요. 시간제한은 없으니 편안하게 적으면 됩니다.

나의 감정노동 사건을 적어보세요.

윤 대리의 작성 내용

나는 오늘 이 고객과 벌써 다섯 번째 통화했다.

지난 네 번의 통화와 합치면 총 13시간을 통화했고, 그 사이 고객의 질문은 무려 30개가 넘었다.

고객은 모든 질문에 법 조항에 근거해서 답하라고 나에게 말했고, 말도 안 되는 질문을 해대기 시작했다.

우리나라 최고의 대학인 한국대학에 다닌다고 말한 고객은 내가 이해하지 못하는 어려운 용어를 써가며 그것도 모르냐고 약올려댔다.

미친 사람처럼 보인다.

난 이 사람과 통화하다 스트레스로 혈압이 터지는 것 같고, 장염에 걸려서 고생 중이다.

이런 인간에게는 천벌이 내려졌으면 좋겠다.

감정연구소　오늘 아침에 느꼈던 것을 최대한 적으셨나요?

윤 대 리　네! 최대한 적었습니다.

감정연구소　이제부터 그 문장을 하나하나 윤 대리님의 생각인
지, 사실인지, 느낌인지 나누어보세요~ 사실은 있
는 그대로를 설명한 것일 테고, 느낌은 우리가 오전
에 감정에 대해 적어보면서 다양한 느낌 표현을 알
아보았죠? 마지막으로 생각은 윤 대리님의 개인적
인 머릿속의 생각을 의미하죠. 한번 나누어볼까요?

윤 대 리　그럼 한 문장씩 말씀드릴게요.

'나는 오늘 이 고객과 벌써 다섯 번째 통화했다.'는
사실이군요.

'지난 네 번의 통화와 합치면 총 13시간을 통화했
고, 그 사이 고객의 질문은 무려 30개가 넘었다.' 이
것도 사실이고요.

'고객은 모든 질문에 법 조항에 근거해서 답하라고
나에게 말했고,' 여기까지는 사실, '말도 안 되는 질
문을' 이것은 느낌입니다. '해대기 시작했다.'는 사
실이에요.

'우리나라 최고의 대학인 한국대학에 다닌다고 말
한 고객은 내가 이해하지 못하는 어려운 용어를 써
가며' 여기까지는 사실, '그것도 모르냐고 약올려댔

다.' 이것은 느낌인 것 같아요.

'미친 사람처럼 보인다.' 이것은 제 생각이고요. '난 이 사람과 통화하다 스트레스로 혈압이 터지는 것 같고,' 여기까지는 생각, '장염에 걸려서 고생 중이다.'는 사실이고, 마지막으로 '이런 인간에게는 천벌이 내려졌으면 좋겠다.' 이것은 제 생각입니다.

감정연구소   오늘 그 고객 윤 대리님 덕분에 귀 좀 간지럽겠어요. 잘해주셨습니다. 대리님의 생각과 느낌이 잘 전달되어 저도 그 고객이 같이 미워지는 느낌을 받았네요. 다만 제가 몇 가지 질문을 좀 드려볼게요.

'고객은 모든 질문에 법 조항에 근거해서 답하라고 나에게 말했고, 말도 안 되는 질문을 해대기 시작했다.'에서 '말도 안 되는 질문을'은 대리님의 느낌입니까, 생각입니까?

윤 대 리   느낌이라고 적어놨네요. 그런데 이상하게 소장님이 다시 물으시니 생각 같기도 하고 헷갈립니다.

감정연구소   느낌은 내가 오감을 통해 느끼는 감각의 표현입니다. 말하자면, 감정에 대한 표출이죠. 하지만 생각은 다릅니다. '사람마다 생각이 같을 수 없다.'라는 말과 같이 생각은 사람마다 다를 수 있습니다. 고객은 말이 된다고 생각하니 질문을 했을 테고 대리님은 질문받는 처지에서 말이 안 된다고 생각할 수 있지 않겠어요?

윤 대 리 　'사람에 따라 의견이 달라질 수 있는 것이 생각이다.'라고 말씀하시니, 이해가 더 쉽게 되네요. 그렇다면, '우리나라 최고의 대학인 한국대학에 다닌다고 말한 고객은 내가 이해하지 못하는 어려운 용어를 써가며 그것도 모르냐고 약올려댔다.'에서 '약올려댔다.'도 저의 생각인가요?

감정연구소 　맞습니다. 사실과 생각, 느낌으로 분리하는 과정은 우리의 감정노동의 주를 이루는 생각을 내려놓기 위한 연습입니다. 이 실습 과정을 통해서 사실만 받아들이고, 생각을 내려놓기 위한 연습을 하는 것입니다.

윤 대 리 　머리 유형은 이성적인 성향을 가지고 있다고 하셨는데, 이 실습 과정은 받아들이기 쉬울 것 같습니다.

감정연구소 　감정노동을 고객이 유발하는 것은 맞습니다. 하지만 종종 우리는 기분 상태에 따라서 고객의 작은 행동을 크게 확대하기도 하죠. 실제로 어떤 상담사가 고객이 완전히 억지주장을 한다면서 저에게 2차 콜을 인계했어요. 제가 고객과 통화해서 처리하는 과정에서 상담사가 1차 상담 시 이해가 부족했으며, 불친절해서 고객의 화를 돋웠다는 사실을 알게 되었죠.

윤 대 리 지금 저에게 CS 교육 하시는 건 아니죠?

감정연구소 하하! 그럴 리가 있겠습니까? 자신의 처지나 상황에 따라 아주 다르게 받아들일 수 있는 여지가 있다는 것을 말씀드린 겁니다. 예를 들면, 제가 중요한 시험에 떨어졌다고 가정해봅시다. 시험에 떨어진 이유는 무엇일까요?

윤 대 리 뭐, 공부를 안 했나 보죠.

감정연구소 그렇죠. 시험에 떨어졌다는 것은 내가 풀었던 시험문제가 틀린 것이 생각보다 많았다는 것입니다. 그런데 우리는 '시험문제가 계획했던 것보다 더 많이 틀렸다.'로 받아들이지 않죠. 아침에 미역국을 먹어서 떨어진 것 같기도 하고, 미역국 끓였다고 엄마한테 화를 내고 나와서 마인드 컨트롤이 안 되어 떨어진 것 같기도 합니다. 이런 생각을 긴 시간 동안 계속해서 하게 되면, 생각은 생각의 꼬리를 물게 되어 더욱 커지죠. 내가 사회의 낙오자가 된 것 같기도 하고, 다른 사람은 모두 행복한데 나만 이렇게 불행한 것 같은 생각마저 들게 되죠.

윤 대 리 생각해보니, 저도 고객과의 통화가 반복되면서 저의 감정이 눈덩이처럼 불어난 것 같긴 합니다.

감정연구소 나에게 도움되지 않는 이런 생각을 내려놓게 하는 기법이 바로 인지적 상담기법입니다. 간단하게나마 이렇게 사실과 생각, 느낌을 분리하고, 사실만 받아들이는 연습을 계속하게 되면 감정노동 해소에 훨씬 도움이 되실 겁니다.

사실, 생각, 느낌 나누는 실습 예시

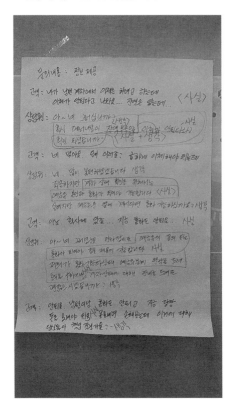

테라플레이

감정연구소 이번에는 어떤 유형에도 적용할 수 있는 심리적 안
정을 기할 방법을 알려드리겠습니다. 심리학 치료
방법 중에는 대상관계이론이 있습니다. 쉽게 설명
하자면, 유아기에 애착이 형성된 대상과의 관계가
성인이 되어서도 인간관계에 영향을 준다는 이론
입니다. 존 가트맨 박사 이론의 감정코칭으로 유명
한 최성애, 조벽 박사도 엄마와의 관계 형성을 중요
시하죠.

윤 대 리 초등학교 시절에 엄마와의 관계형성까지는 모르겠
지만, 엄마가 없었던 친구가 준비물을 챙기지 못했
다든지 하는 사소한 일들로 수치심을 느끼는 걸 본
적이 있어요. 그 친구는 아버지가 매일 술을 드시
고, 도시락도 없이 학교에 와서 선생님이 도시락을
가져다 주시곤 했죠. 그 친구는 다른 친구에게 항상
공격적이었던 걸로 기억됩니다.

감정연구소 인간은 주로 모성애로 성장을 하므로 애착관계 하
면 엄마를 떠올리죠. 대상관계이론이나 감정코칭
에서는 과거 엄마와의 애착관계가 어땠는지, 문제
는 없었는지를 살펴봅니다. 하지만 이 책에서는 감

정노동 해소에 관련된 부분만 적용하려고 합니다. 즉, 감정노동 해소에 엄마의 따뜻함, 안정감을 느낄 수 있는 실습입니다.

윤 대 리 엄마의 따뜻함과 안정감을 느낀다니 기대되네요.

감정연구소 제가 너무 거창하게 표현했나요? '테라플레이', 놀이치료 방법으로 접근하겠습니다. 윤 대리님은 해먹을 타보신 적이 있나요?

윤 대 리 종종 야유회를 가거나 하면 설치된 것을 타본 적이 있어요.

감정연구소 해먹과 비슷합니다. 여러 사람이 천을 들고 그 안에 감정노동 해소를 원하는 사람이 들어가 엄마 뱃속의 아이처럼 웅크리고 있는 겁니다. 그러면 다른 사람들이 천천히 천을 흔들어주는 거죠.

윤 대 리 다른 사람들이 본다면 좀 쑥스럽지 않을까요?

감정연구소 다양한 사람들이 돌아가면서 하면 더 좋습니다. 처음에는 쑥스러워하는 분위기여도 돌아가면서 반복하다 보면 어느 순간 거기에서 편안함이 느껴지도록 분위기는 가라앉을 수 있습니다. 제가 여러 번 강조합니다만, 감정노동을 해소하고자 하는 본인의 의지가 진지함을 만들 수 있겠죠. 웃거나 떠드는 분위기에서는 해소가 어려울 수 있습니다.

윤 대 리 이 실습 방법을 머리 유형에 추천하시는 이유가 궁금한데요.

감정연구소 머리 유형은 감정에 대한 접근이 어려운 유형입니다. 앞서 소개해드린 NLP나 찰흙빚기도, 머리 유형의 경우는 그렇게 해서 감정노동이 값으로 얼마나 낮아졌는지에 대한 진단서를 요구할 수도 있습니다.

윤 대 리 하하! 농담하시는 거죠?

감정연구소 저는 각 유형에 대한 이해를 높이기 위해 극단적인 상황을 말한 거고요. 일단 감정노동을 해소하기 위해서는 사실과 느낌, 생각을 분리하는 것도 좋지만, 감정에 대한 터치 없이는 해소되기 어렵습니다. 그나마 테라플레이가 어떤 대화나 이해 없이 가능한 것이라 머리 유형에 소개해드렸습니다. 실제로 제 자격증 과정을 들으시고, 회사에 직원들을 위해 해먹을 설치한 사례도 있습니다.

윤 대 리 그래요? 경제적인 감정노동 해소 방안이네요.

Part 6

감정노동을
떠나보낸
나의
'지금, 여기!'

Case 12

나의
삶은
지금, 여기!

28

상대의 밑마음,
나의 밑마음
알아차리기

윤 대 리   와~ 오늘 하루가 어떻게 시간이 흘렀는지 모르겠
         어요.

감정연구소   덕분에 저도 즐거운 시간이었습니다. 이제 감정노
         동의 마무리를 지어볼까요?

윤 대 리   감정노동 해소 방안이 더 남았나요?

감정연구소   해소 방안의 마무리 단계로 상대와 나의 밑마음을
         알아보는 겁니다. 나는 내가 진정 원하는 것, 나의
         진짜 마음을 알아차리고 있는가에 대한 물음을 나
         에게 해보는 겁니다. 그리고, 상대가 원하는 것도
         알아보려고 합니다.

윤 대 리   내가 진정 원하는 것을 제가 모를 수 있나요? 내가
         원하는 것은 내가 알고 있지 않을까요? 그리고, 상
         대가 원하는 것은 결국 처지를 바꿔서 생각해보라
         는 말인가요?

감정연구소   앞에서 했던 '빈 의자 기법'과 같이 상대의 밑마음

을 알아차리는 것이 감정노동 해소에 무엇보다 중요합니다. 앞에서 욕하는 고객에게 감정노동이 생기지 않았다고 했는데, 그 고객에게는 측은한 마음이 들었던 건가요?

윤 대 리   그런 마음도 약간 있었죠. 이렇게 더운데 땡볕에서 일한다고 생각하면 끔찍하지 않아요? 그런 상황에서는 저라도 화가 나겠더라고요.

감정연구소   그렇죠. 그렇게 나라도 화가 나겠다고 하는 마음은 고객이 어떤 행동을 보여도 일정 수준까지는 참아줄 수 있겠죠. 그것이 공감의 상황입니다. 도와줄 수 있는 고객은 도와주겠다는 윤 대리님의 직업적인 프로정신이 엿보입니다. 이번에는 다른 상황에서의 밑마음을 얘기해보죠. 감정노동의 대상이 직장상사였고, 원인은 열심히 일하는 자신을 봐주지 않는 것에 대한 섭섭한 마음이었습니다. 이 사례에서 내담자의 밑마음은 무엇일까요?

윤 대 리   음…. 승진이나 월급이 올랐으면 하는 건가요?

감정연구소   전혀 다른 사건이지만, 같은 맥락에서 살펴보면 또 다른 답안이 나오는 예도 있죠. 앞에서 찰흙빚기에서 소개한 시어머니에 대한 에피소드를 다시 보죠. 시어머니가 며느리에게 소리 지른 겁니다. 고객이 소리 지르는 것도 매일 보는 직업인데, 시어머니가 잠깐 소리 질렀다고 이것이 이렇게 화가 나는 이유는 뭘까요?

윤 대 리   자라면서 부모님께 그런 것을 한 번도 본 적이 없어서일까요? 잘 모르겠네요.

감정연구소   아인슈타인은 이런 말을 했어요. 변화를 일으키기 위해서는 문제가 발생했을 당시 갖고 있던 생각의 차원으로는 세상의 문제를 해결할 수 없다. '다른 차원의 사고'는 말 그대로 다른 '차원'의 사고이다. 그것은 다른 '종류'의 사고를 말하는 것도 아니고, '강조점'을 다른 곳으로 옮기는 것도 아닌, 보다 애정 어린 '관심'에서 바라보는 사고도 아니라고 말이죠.

윤 대 리   어렵군요. 다른 '종류'의 사고도 아니고, '강조점'을 다른 곳으로 옮기는 것도 아니고, 보다 애정 어린 '관심'에서 바라보는 사고도 아니라니…

감정연구소   직장상사의 감정노동 사례에서 윤 대리님이 '월급이 오르고 싶거나 승진하고 싶은 건 아닌가?'라고 말한 것은 다른 '종류'의 사고를 한 것이죠. 시어머니가 소리 지른 사례에서 '부모님에게는 그런 상황을 겪어보지 못했나?'라고 한 것은 '강조점'을 시어머님이 아닌 부모님으로 옮긴 것이고요. 그리고, 욕설 고객의 사례에서의 측은한 마음은 더욱 애정 어린 '관심'의 사고에서 나온 것이라 볼 수 있습니다. 이런 차원에서는 감정노동을 완전히 해소하기 힘 들다는 것입니다.

윤 대 리   약간 철학의 느낌이 납니다. 이해하기 어렵네요.

감정연구소   하하! 알겠습니다. 그러니까, 이런 충돌이 생기는 차원 말고 다른 차원에서 다시 생각해보자는 겁니 다. 차원에 관한 영화나 드라마를 예로 들어볼까 요? 영화로는 '매트릭스'가 있고, 최근의 드라마에 는 'W'가 있네요. '매트릭스'나 'W'를 보셨나요?

윤 대 리   네! 둘 다 봤어요. 특히, 'W'는 배우 이종석의 만화 캐릭터와 같은 조각 외모가 돋보였죠.

감정연구소   하하! 네~ 그러셨군요. 두 작품 모두 차원에 대한 이야기입니다. '매트릭스'는 주인공 네오가 3차원 과 4차원을 넘나들죠. 'W'에서도 강철이 만화 속 세 계와 현실 세계를 넘나듭니다. 이 두 주인공의 공통 점은 처음에 혼돈의 시기가 있다는 겁니다. 어느 세 계가 진짜 세계인가?

윤 대 리   네! 강철은 자신이 만화 세계의 주인공이라는 것을 알고 자신이 사는 세계가 가짜라고 처음에는 실망 했어요.

감정연구소 맞습니다. 그러다, 후반부에는 세계의 차원이 다를 뿐이라고 인식하겠다고 말하죠. 감정노동의 해소를 위해서는 차원을 바꾸어 생각할 수 있어야 합니다. 역지사지의 상황으로는 해소할 수 없습니다. 말하자면, 직장상사와의 갈등, 고부간의 갈등에서 내 삶의 본질을 직장에 둘 것인가, 시댁에 둘 것인가, 아니면 나에게 둘 것인가를 먼저 고민해야 한다는 겁니다. 내 삶의 진짜는 나인가? 직장인가? 시어머니인가? 가정인가? 다양한 측면에서의 물음이 필요합니다. 최근 인문학과 심리학이 붐을 이루고 있습니다. 우리는 이제 이러한 물음이 궁금해지기 시작했다고 볼 수 있어요. 과거에 범국민적으로 경제발전, 부의 축적을 목적으로 살았다면, 이제는 '무엇을 위해서 돈을 벌어야 하는가?'에 대해 고민하기 시작한 거죠.

윤 대 리 결국, 모든 것에 대한 밑마음은 나를 위한 것이라는 차원을 이해해야 한다는 의미인가요?

감정연구소 하지만, 건강하지 못한 심리상태에서 우리는 내가 원하는 것과 다른 방향으로 갑니다. 그것은 내가 원하는 것이 아니죠. 만화 속 세상이든, 실제 세상이든 'W'의 강철처럼 내가 원하는 방향으로 만들 수 있는 것은 내 마음의 힘입니다.

윤 대 리 　'매트릭스'와 'W'의 차원을 바꾸는 것을 감정노동 사례에서는 어떻게 적용해야 하는지 예를 들어주시겠어요?

감정연구소 　상대가 그렇게 생각하는 나와 다른 차원을 들여다보는 것입니다. 직장상사의 경우, 직원이 열심히 일하는데도 불구하고 인정에 대해 표현을 하지 않습니다. 그것은 직장상사의 차원에서 그 사람의 삶은 인정에 대한 표현을 경험하지 못했을 수 있어요. 혹은 인정에 대한 경멸의 감정이 될 수 있는 상황을 경험했을 수도 있죠. 시어머니가 소리 지른 사례나 시아버지가 아들을 낳기를 원하는 사례에서는 처음에 제가 언급했습니다만, 시어머니나 시아버지의 시대는 내가 경험하는 세계와 차원이 다릅니다. 시어머니나 시아버지의 시대의 차원은 경험하는 시골 공간이 전부였죠. 그 안에서는 시댁에 대한 조심스러움, 못 배웠던 것에 대한 갈등 등 말 못하는 상황이 있겠고요. 그 차원을 들여다보고 그 사람의 현재의 행동이 연속되어 있음을 알아차리는 겁니다.

윤 대 리 　결국, 이런 상황이 일어나는 것은 그 사람이 자라 온 차원의 문제이지 나의 문제가 아니라는 말인가요?

감정연구소   그렇죠. 정리하면, 윤 대리님이 문제가 아닌, 윤 대리님의 문제라는 겁니다. 왜 욕하는 고객은 괜찮고, 법 조항을 따지는 고객은 나에게 감정노동이 되는지에 대한 나의 밑마음을 들여다보는 겁니다. 불만 고객은 괜찮고, 직장상사의 불인정이 왜 나의 감정노동이 되는 것인지 들여다보는 겁니다. 시어머니와의 언성 높인 한마디가 나에게 왜 감정노동이 되는지 들여다보는 겁니다. 시아버지의 아들을 낳으라는 그 말이 왜 감정노동이 되는지 들여다보는 겁니다.

모두 인정에 관한 이야깁니다. 인정받고 싶은 나의 밑마음입니다. 나도 일 잘한다고 인정받는 직원, 상담 잘한다고 고객에게 인정받는 상담사, 시부모님께 인정받는 며느리가 되고 싶은 겁니다. 그런 나의 밑마음을 알아차려야 합니다.

윤 대 리   상대의 차원으로 들어가 상대의 밑마음을 알고, 나의 밑마음을 알아차리면 감정노동이 근본적으로 해소되겠네요.

감정연구소   처음부터 화낼 일이 없었겠죠. 그래서 삶에서 '물음'이 필요합니다. 윤 대리님은 처음에 '무시'라는 코드를 잡았어요. 욕하는 고객을 내가 무시한 것처럼 무시의 코드를 나에게 던지는 고객에게는 화가 났죠. 그것은 인정받고 싶은 욕구가 무엇보다 강하다는 것을 의미합니다. 우리는 인정받고 싶은 욕구 자체가 나라고 혼동하고 살기도 하죠.

윤 대 리 저도 혼란스러운데요. 고객은 그렇다 치고, 직장 상사와 시부모님께 인정받고 싶은 나의 욕구를 알아차린다면 그 욕구를 내려놓아야 감정노동이 해소되는 거죠? 그럼 일도 열심히 할 필요가 없고, 시부모님께도 잘할 필요가 없는 건가요?

감정연구소 나의 욕심과 인간으로서의 도리를 구분하면 답은 쉽게 나옵니다. 윤 대리님은 왜 직장에서 열심히 일하나요?

윤 대 리 성취하고자 하는 욕구 때문이죠.

감정연구소 그렇죠. 자아성취의 욕구는 인간만이 가지고 있습니다. 그래서, 옛 성인들은 인간과 동물의 구분을 자아성취에 두기도 했죠. '그렇게 살면 소, 돼지나 무엇이 다르냐?'라는 말을 쓰기도 하잖아요. 직장 상사를 위해서 일하는 건 아닙니다. 여기까지 알아차리기 위해 우리는 지금까지 많은 이야기를 해왔습니다. 시부모님께 잘한다는 표현은 애매합니다. 그것에 대해서 또 물음이 나오거든요. 어떻게 하는 것이 잘하는 겁니까? 우리는 앞서 사실, 생각, 느낌으로 분리하는 작업을 했습니다. 시부모님과의 갈등을 내가 원하지 않는 거죠. 술잔을 가지고 오지 않아서 시어머니가 소리 지른 것은 이미 지나간 과거입니다. 또 그것은 차원을 분리해서 생각하면, 시어머니의 본인의 문제일 수 있습니다. '네가 나를 무시하냐?'라는 말을 했다는 것은 그 안의 시어머니만의 차원이 또 있을 것으로 생각됩니다. 마찬가지죠. 시아버지가 '아들을 낳아야 한다.'라는 것도 시아버지만이 경험한 다른 차원이 있는 겁니다. '죽어서 조상의 얼굴을 어찌 보겠나?'라는 것은 차원이 다름을 의미하는 말입니다. 우리는 'W'의 강철처럼 다양한 차원의 세계가 서로 융화될 수 있는 최고점을 찾는 지혜를 가져야 합니다.

윤 대 리 최고점을 찾는 지혜요?

감정연구소 네! 지혜는 어렵습니다. 저도 물론 지혜를 찾기 위해 계속해서 공부하고 있어요. 아들을 원하는 시아버지에게 굳이 딸이 둘이 있으니 더 이상 낳지 않겠다고 말할 필요는 없어 보이는데, 어떤가요? 시아버지의 차원에서 편하게 지낼 수 있도록 '노력해보겠습니다.' 할 수 있지 않을까요?

윤 대 리   그건 거짓말이잖아요.

감정연구소   마음의 노력도 노력입니다. 이미 40대 후반인데, 노력하고 있으나 결실이 없다고 누가 탓하겠습니까? 내담자가 원하는 것은 시댁과의 갈등이 자신의 가정에 영향을 미치지 않는 것이었어요. 내가 원하는 것에 대한 최고의 행동을 하면 됩니다. 그것은 누구를 위한 것도 아닌, 나를 위한 것입니다.

윤 대 리   그런 관점에서 본다면, 제가 원하는 것은 장염이 낫고 몸과 마음이 건강해지는 거네요. 나를 위해서요.

29
지금, 여기!

감정연구소 나를 위해서 할 수 있는 마지막 실습으로 명상을 권합니다. 마음과 몸을 분리시키고, 그날 묻은 때를 닦아내는 것이 바로 명상입니다. 최근 수많은 연구에서 명상의 긍정적 영향에 대해서 입증하고 있습니다. 명상은 정신집중에도 좋지만, 마음을 자연스럽게 안으로 몰입시키게 합니다. 또, 머릿속의 생각을 내려놓으면서 머릿속의 쓰레기도 정리해주죠. 한번 해보실까요?

윤 대 리 명상이라, 뭔가 익숙지 않습니다.

감정연구소 아직 우리나라에서는 영성의 개념이 아주 낯섭니다. 그래서, 명상을 종교적으로 이해하면 기도라고 말씀드려요. 기독교, 천주교, 불교, 힌두교 할 것 없이 방법이 다를 뿐, 신께 기도하죠. 이 기도는 명상에서 이야기하는 '자기 이야기'입니다. 결국 기도는 내가 속상한 것, 내가 원하는 것, 내가 희망하는 미래에 대한 자기암시죠. 이렇게 표현하면 좀 더 친숙할까요?

윤 대 리 　기도는 어렸을 때 몇 번 해봤어요. 한번 해보죠.

감정연구소 　그럼, 눈을 감고 심장 호흡을 해주세요. 천천히 숨을 깊게 들이마시고 깊게 내쉽니다.

윤 대 리 　휴~

감정연구소 　내 가슴에 오른손을 대고 마사지하듯이 문질러주세요. 문지르면서 다시 숨을 깊게 들이쉬고 깊게 내쉽니다.

윤 대 리 　휴~

감정연구소 　자! 지금부터 제가 하는 얘기를 큰 소리로 나에게 얘기합니다. 마음아! 미안해!

윤 대 리 　마음아! 미안해!

감정연구소 　네가 아파하는 줄도 모르고, 이렇게 무심했던 나를 용서해줘!

윤 대 리 　네가 아파하는 줄도 모르고, 이렇게 무심했던 나를 용서해줘!

감정연구소 　마음아! 고맙다!

윤 대 리 　마음아! 고맙다!

감정연구소 　네가 와서 내가 삶을 살고 있구나!

윤 대 리 　네가 와서 내가 삶을 살고 있구나!

감정연구소 　마음아! 정말 고맙다.

윤 대 리 　마음아! 정말 고맙다.

숨 깊게 들이마시고 깊게 내쉬면서 계속해서 가슴을 문질러주세요.

이번 주에 가장 행복했던 사건을 떠올려보세요.

그 행복했던 감정을 마음이 느낄 수 있도록 느껴보세요.

그리고 지금을 느껴봅니다.

내가 앉아 있는 의자의 촉감, 공기의 냄새, 공간의 모양, 소리, 공기의 맛 모두 느껴봅니다.

자! 마지막으로 깊게 숨 들이마시고, 깊게 내쉬세요. 아주 천천히 눈을 뜹니다.

30
내가
진정으로
원하는 것은?

감정연구소   차원을 바꾸고 나의 밑마음을 보는 것은 내가 생각해야 하는 과정입니다. 하지만, 우리에게 생각하는 것은 익숙하지 않아요. 오늘 윤 대리님과 마지막 대화를 나누며 '생각 과제'를 내려고 합니다.

윤 대 리   '생각 과제'요?

감정연구소   현재 내가 가지고 있는 감정노동의 사례에 관해 내가 원하는 것을 알아보는 과정이죠. '이것을 하면 좋은 점', '이것을 안 하면 나쁜 점', '이것을 안 하면 좋은 점', '이것을 안 하면 나쁜 점' 이렇게 네 가지를 적어보는 겁니다.

윤 대 리   음~ 이상하다. '이것을 하면 좋은 점'과 '이것을 안 하면 나쁜 점'은 같은 내용 아닌가요? '이것을 하면 나쁜 점'과 '이것을 안 하면 좋은 점'도 마찬가지고요.

감정연구소   해보시면 아실 겁니다. 다른 이야기죠. 그리고 거기에 적어 내려가면서 나중에 적은 것을 쭉 보면 내가 진정 원하는 것을 알게 됩니다. 명상 후 머릿속 생각을 모두 내려놓은 상태에서 하는 것을 추천합니다. 자고로 인생의 지혜란 모범답안이 있는 것은 아닙니다. 자신의 상황에 맞는 가장 현명한 선택을 할 수 있기를 기원합니다. 그럼, 오늘 이야기는 여기에서 마치도록 하죠. 오늘 하루 수고 많으셨습니다.

윤 대 리　소장님 덕분에 뜻깊은 하루가 되었습니다. '생각 과제'는 해보고 다음에 나눠보도록 하겠어요. 감사합니다.

생각 과제

이것을 하면 좋은점?

이것을 하면 나쁜점?

01 02
03 04

이것을 하지 않으면 좋은점?

이것을 하지 않으면 나쁜점?

■ 생각과제

'생각과제'는 '감정노동심리해결사' 자격증의 마무리 과제입니다. 실행해보셔야 알 수 있는 중요한 과정이므로 꼭 해보시길 권합니다.

꼭 해보세요!

에필로그

윤 대리는 다음 날 아침, 명상을 시작한다. 방에서 가부좌를 틀고 앉아, 내 마음을 들여다보고, 내 몸을 들여다본다. 머릿속의 생각을 내려놓고, '생각 과제'를 하기 위해 펜을 든다. 오늘의 문제는 '이직을 할 것인가?'이다.

이직을 하면 좋은 점?
감정노동이 좀 더 낮은 직업으로 옮길 수 있다.
불만 고객으로부터 벗어날 수 있다.

이직을 하면 나쁜 점?
새로운 직장에 다시 적응해야 한다.
어떤 직업을 선택할지 고민해야 한다.
새로운 직장은 지금보다 낮은 급여가 예상된다.
새로운 경력을 쌓아야 한다.
적응을 위해서는 당분간 낮은 스트레스는 기대할 수 없겠다.

이직을 안 하면 좋은 점?

현재의 익숙한 직장에서 계속 생활할 수 있다.

이직할 직업을 생각하고 고르는 수고는 하지 않아도 된다.

지금까지 쌓은 경력을 계속해서 이어나갈 수 있다.

현재의 만족스러운 급여를 계속해서 받을 수 있다.

이직을 안 하면 나쁜 점?

계속 싸이코 고객을 만날 수 있다.

고객 불만에서 벗어날 수 없다.

낮은 스트레스를 기대할 수 없다.

내가 원하는 것이 이직은 아니었다는 것을 알게 된다. 나의 경력을 쌓아서 인정받고 싶은 욕구가 있음을 알아차린다. 오늘부터 그녀는 현명한 지혜를 찾아 나를 지켜보도록 다짐한다.

며칠 뒤, 과제에 대해 나누기 위해 두 사람은 다시 만났다.

감정연구소　그동안 마음 편안히 잘 지내셨나요?

윤 대 리　덕분에 잘 지냈습니다. 소장님도 별일 없으셨나요?

감정연구소　하하! 네! 저도 윤 대리님 덕분에 잘 지냈답니다. 어떤 주제로 과제를 하셨을지 궁금하네요.

윤 대 리　지난번 미팅에서 말씀드렸던 것처럼 이 직업을 계속 유지할 것인가에 대해 고민했습니다. 직장이 아닌, 직업을 바꾸는 것에 대해 고민해봤어요. 불만 고객에 대한 응대를 계속할 수 있을지 자신감이 떨어진 상태입니다.

감정연구소　아~ 그러셨군요. 그 시간이 얼마나 힘드셨을까요? 고민하신 결과는 어땠나요?

윤 대 리　그런데, 과제를 하면서 좀 이상한 것을 느꼈습니다. 분명히 '이것을 하면 좋은 점'과 '이것을 안 하면 나쁜 점'은 같은 것인 줄 알았는데, 적다 보니 개수가 다르게 나오더라고요. '이것을 하면 나쁜 점'과 '이것을 안 하면 좋은 점'도 마찬가지였습니다.

감정연구소　그래요. 다 적으시고 다시 읽었을 때 어떤 느낌이 들던가요?

윤 대 리　내가 원하는 것에 개수가 더 많이 적혀 있는 것을 알게 되었어요. 결국 '이직을 하면 나쁜 점'에 가장 많이 적혀 있더군요. 그리고 '이직을 안 하면 좋은 점'이 두 번째로 많았습니다. '생각 과제'를 하기 전까지 '이직을 내가 원하고 있다'고 생각했거든요. 내가 원하는 나의 진짜 마음을 나도 모를 수 있다는 것을 알게 되고 또 그것에 대해 놀랐습니다.

감정연구소 윤 대리님의 진짜 마음인 밑마음을 보셨군요.

윤 대 리 내 마음을 정성스럽게 보지 않는다면, 내가 원하는 것과 정반대의 길로 갈 수 있다는 것을 알게 되었어요. 새로운 경험이었습니다. 나의 마음도 공부해야 한다는 것을 알게 되었네요.

감정연구소 그렇게 말씀해주시니 제가 감동입니다. 내가 진정으로 원하는 것을 알게 되었을 때, 진정한 감정노동 해소가 가능하답니다.

윤 대 리 이제부터는 가끔이라도 제 마음을 들여다봐주기로 했습니다. 간혹 내 마음과 정반대의 길로 가고 있을 수도 있으니까요…. 이것을 알게 된 현재와 알기 전 과거의 삶은 많이는 아니더라도 조금은 달라질 것 같습니다.

참고문헌

- 감정노동(노동은 우리의 감정을 어떻게 상품으로 만드는가), 앨리 러셀 혹실드, 이매진 2009

- 감정노동에 대한 문제점과 해결책(4대금융지주회사), 건국대학교, 2013

- 관광·레저연구 제23권 제3호(통권 제58호)

- 임상미술치료의 이해, 김선현, 2006

- KRIVET Issue Brief, 2013, 26호

- 직업사전 비교를 통한 국내외 직업구조분석 - 한, 미, 일 3국을 중심으로

- 시사상식사전, 박문각, 2014

- 인간의 모든 감각, 최현석, 서해문집, 2009

- 직장 내 괴롭힘과 프랑스 노동법, 조임영, 영남대학교, 2012

- 헤럴드경제, 2008. 12. 17

- 상담심리 가이드북, 이장호, 김현아, 백지연, 북스힐, 2011

- 재미있는 심리학, 박천식, 이희백, 한수미, 교육과학사, 2014

- 잡코리아, 기혼 직장인 대상 '시월드 vs 처월드 인식' 조사

- 청소년 감정코칭, 최성애, 조벽, 해냄, 2012

- HRD 용어사전, 2010. 9. 6

- 에니어그램의 지혜, 돈 리처드 리소, 러스 허드슨, 한문화, 2015

- 나를 사랑해도 되겠습니까?, 박선영

- 뉴욕의 춤꾼 가브리엘 로스의 춤 테라피, 가브리엘 로스, 리좀, 2005

- 게슈탈트 심리치료, 김정규, 학지사, 2015

- 트라우마 테라피, 최명기, 좋은책만들기, 2012

- 마음바꾸기, 에드 샤피로, 뎁 샤피로, 더스타일, 2012

- 마음의 치유, 기 코르노, 강현주 역, 북폴리오, 2006

- 게슈탈트 치료의 이해와 적용, 노안영, 학지사, 2013

- 감정노동자의 보호와 기업 등의 책임, 박인호, 전남대학교, 2016

- 영성증진 집단상담 프로그램이 직장인의 소진과 심리적 안녕감에 미치는 효과, 김세봉, 변상해, 한국콘텐츠학회논문지, 2012

감정노동해결연구소 공개강좌

감정노동심리해결사 자격증 과정
(한국직업능력개발원 제2014-2674호)

1️⃣ **학습목표**

▸ 감정의 밑바닥에 있는 나와 타인의 기본 감정을 이해한다.

▸ 트라우마나 분노를 스스로 조절하는 능력을 키워 건강한 감정을 유지한다.

▸ 쌓여있던 부정적인 마음을 비우고, 긍정적인 유산으로 나를 채움으로써 감정노동을 대비해 마음근육을 키울 수 있다.

2️⃣ **학습대상**

▸ 분노조절, 상담, 코칭 등 감정 코칭을 통해 건강한 감정 유지가 필요하거나, 타인의 건강한 감정 유지를 교육하는 강사

③ 교육내용

1일차	세부내용
프롤로그	자기소개 자격증 과정 커리큘럼 및 '생각과제' 소개
감정노동의 이해	감정노동의 이해 감정노동의 역사 감정노동 관련 직업군 감정노동 관련 법률의 이해 (한국 vs 다른나라)
감각&감정의 이해	감각의 이해 감각의 감정화 감정의 이해 감정조절과 뇌
분노와 트라우마	트라우마의 정의 사이코패스 & 소시오패스 트라우마와 분노의 이해 분노 중화하기(명상)
에필로그	강의내용 정리

2일차	세부내용
프롤로그	과제 체크 및 설명 보완
나를 찾아 떠나는 여행	분노와 트라우마 치유방법 이해하기 나의 분노의 초점 알아차리기 놀이치료, 난타, 미술치료, 진단지 등 치유 실습
새로운 나를 만나는 여행 Ⅰ	분노 Episode 분노와 트라우마 객관화 하기 (NLP 실습) 나의 마음 용서하기
새로운 나를 만나는 여행 Ⅱ	아들러 심리학의 이해 감정노동 & 감성노동 새로운 나를 만나기 위한 실습 나에게 맑은 물 부어주기
에필로그	강의내용 정리 및 공유 자격증 발급 및 사진촬영

내 마음의 고요함,
감정노동의 지혜

초판 1쇄 발행 2016년 10월 10일

ⓒ 윤서영, 2016

지은이	윤서영
책임편집	김이태
편집진행	김정연
디자인	홍시

펴낸곳	커리어북스
등록	제 2016-000071 호
주소	(06830) 용인시 수지구 수풍로 90
전화	070-8116-8867 (강의문의)
팩스	070-4115-8867
전자우편	home6678@naver.com

ISBN 979-11-959018-0-7

이 도서의 국립중앙도서관 출판예정도서목록(CIP)은 서지정보유통지원시스템
홈페이지(http://seoji.nl.go.kr)와 국가자료공동목록시스템(http://www.nl.go.kr/
kolisnet)에서 이용하실 수 있습니다. (CIP제어번호 : CIP2016023883)